異界怪談
生闇

黒 史郎

竹書房
怪談
文庫

目次

※本書に登場する人物・グループ名はさまざまな事情を考慮してすべて仮名にしてあります。

返却

ある年の冬、春日《かすが》さんは幼馴染みのKと十五年ぶりに再会した。

早い時間から開いている飲み屋で一杯やって、互いの近況を語り合う。Kは数年前に千葉から福井に転居していたが、わけあってこの日は千葉に戻っていた。娘を弔《とむら》ってもらった寺に行っていたとのことだった。

Kは離婚しており、小学生の娘と離れればなれになっていた。月に一度は会えることになっていたのだが、離婚した翌年に娘が急死してしまったのである。

「冷たくなった娘の手を握ったんだよ。あの日から何年か経ったけど、昨日のことみたいだ。色々済ませたから妻とももう会うことはないし、当分こっちにも戻らないだろうなって思ったら、おまえに会っておきたくなってさ。急に連絡して悪かったな」

飲んだ後はKのリクエストで二時間カラオケに興じ、夜十一時過ぎに店を出た。家に泊っていくかと訊くとホテルをとってあるというので駅まで見送った。帰途につく中、なぜか寂しさが押し寄せ、もう少し家で飲もうとコンビニで缶チューハイを二本買って帰った。

録画したバラエティ番組を見ながらちびちびと飲んでいたら、小腹が空いてきた。Kから福井の土産《みやげ》をもらっていたことを思い出し、それをつまみにしようとリュックを広げると、入れた覚えのないものが入っている。

お守りであった。

赤い布地に交通安全の文字が刺繍された、よく見るものだ。あちこちの糸がほつれて全体的に薄汚れている。春日さんのものではなかった。Kのものだろう。なにかの拍子に土産物の袋に入ったのだ。

こんなぼろぼろになるまで持っているなんて、大切なものに違いない。電話をしようと思ったが、もう遅いのでKは寝ているかもしれない。連絡するのは明日にし、一人飲みを続けた。

飲みはじめは酔いも浅かったが、後から急に効いてきた。半分寝て、半分起きてを繰り返し、カクン、カクンと舟をこいでいるのが自分でわかる。録画した番組の内容も頭に入ってこない。

これを飲みきったら布団に入ろうと、わずかに残ったチューハイの缶に手を伸ばす。

その手を、冷たい手が握ってきた。

ひゃあ、と声をあげ、手を引く。部屋中に視線を巡らせるが何もいない。

誰かに握られた左手は、固く閉じられている。

おそるおそる拳を開くと、手の平の中に先ほどのお守りがあった。

さあっと首筋の毛穴が開いていくのがわかる。

左手には、まだ手の感触が残っていた。

小さい子供の手だった。

壊れ物を扱うようにそっとお守りをテーブルに置いた。酔いなど一気に冷めてしまった。


翌日、このことを電話でKに伝えると、酔っていたんだろうと笑われ、お守りはそっちで処分してくれといわれた。別れた妻から交際前にもらった思い出のものらしく、キーチェーンにつけていたが今朝になってついていないことに気づいたという。

元妻とは完全に決別したので、もうこれはただの廃物なのだそうだ。

「でも、これはKが処分したほうがいいよ」

できれば神社に返納すべきだと伝え、その日のうちにKから聞いた住所に送った。

なぜかは説明できないが、Kが嘘をついていたように思えたのだという。

彼の言葉のどこに嘘があるのかはわからないが、あのお守りを自分が処分すれば、昨夜の冷たい手が今度は自分の首にかかるような気がしてならない、そんな予感がしたそうだ。

夫婦喧嘩

山手線S駅の改札を出てすぐの場所で高齢の男女が言い争いをしていた。

かなりの声量でもめていたため、人と待ち合わせをしていた中村さんの耳にもその会話の内容はすべて入ってきた。

とくに怒りを露わにしていたのは女性の方であった。そばにある大型セットボードの広告を指さし、その指をぶんぶんと振りまわしながら声を荒らげている。シニア向け分譲マンションの広告であった。

言い争いの理由は、引っ越しに対しての熟年夫婦の意見の相違といったところか。

待ち人が来るまでの退屈しのぎにちょうどいいと中村さんは聞き耳を立てていた。

そのやり取りの一部を中村さんの記憶を頼りに再現をした。

「あんなのが住んでるなんて普通じゃないでしょ」

「知ってて選んだわけじゃない。前から住んでいたんだろ、おれにいうな」

「ううん、あんたがあれとかかわったのがダメ」

「うるさかったからだよ」

「うるさいからって、別にがまんしてりゃよかったじゃない。あんた●●●のくせに神経質なのよ」

「おまえはどうなんだ、おまえは。●●●の●●だろ？　みんないってるぞ。そのへんの人に聞いてみろ、聞いてみるか？」

伏せた個所はここには書けない差別表現である。

口論は激化し、今にも飛び火してきそうな勢いなので中村さんは少し離れた場所——会話が拾える範囲内で——に移動した。

近隣住人とトラブルになり、その原因を作ったのがどちらかと責任をなすり付け合っている、そんな状況のようだが——。

「これ以上わたしをまきこまないでね、●●●●同士で解決してよ」

「おまえがそういう態度だから来たんじゃないのか？」

「もういい。だから、だめなのよ。こ、う、い、う、嘘ばかり並べたてている家は」

と、またマンションの広告に指した指をぶんぶんと振りまわす。

「あんなものが毎晩でてきてみなさい、わたしたち――」

どっちの目もとられちゃうわよ。

女性は振りまわしていた指で、眼帯の上から右目をがりがりと掻いた。

この老夫婦になにがあったのだろうか。

いったいなにとのトラブルを抱えているのだろうか。

誰でもそうなる

あずみさんは昨年から独り暮らしをはじめた。

誰に話しても驚かれるくらい家賃が格安の物件で、あまりの安さに「そこ大丈夫なの？」とまわりからは心配の声が相次いだほどだという。

これは誰にも話してはいないそうだが、そのアパートは風俗店やラブホテル街が近く、週末の夜ともなればアパートの前の道を多くのカップルが行き交う。世の中にはそれだけで不衛生、治安が悪いと偏見を持つ人もいるので、そういった理由から安いのだろうと思っていた。

引っ越しの荷物がようやく片づいた頃、娘の生活を心配して母親がアパートへ様子を見にきた。

駅で待ち合わせた時は「なかなか雰囲気のいい街じゃない」といっていたが、アパートの前に来ると急に不安そうな顔をしだした。

住戸へ向かう途中、母親が「これなに？」と下を指さした。

屋外廊下の手摺りに沿って、廊下の突きあたりまで白線が続いている。

「ああ、なんだろ。しらん。今日はじめて見た」

「しらんじゃないわよ。あんたこれ塩じゃないの？」

「なんでよ。そんなわけないじゃん」

あんまり母親が疑うので指を押しつけて数粒だけとって見てみる。

「たしかに塩っぽいけど、でも魔除けとかの塩って普通、お皿に盛るでしょ。これ線じゃん、線」

「だから、なんで線なの？　それがこわくない？　なにかの境界線なんじゃない？」

「そんなわけないじゃん。お母さん、神経質になりすぎ」

いちいち考えても意味がないものだよと言い聞かせ、白線に釘付けの母親の腕を引いて強引に連れていった。

その晩、がらがらという音で、あずみさんは目を覚ました。

室内で聞こえたような気がし、あずみさんは警戒しつつ体を起こした。

玄関へ繋がるリビングの引き戸が半分ほど開いている。

寝床から玄関ドアが見えるのは嫌なので、いつも閉めているのだが——。

隣を見ると母親も目覚めており、肩肘をついて上体を起こし、開いている引き戸をじっと見ている。

「なに見てるの?」と声をかけると、母親は急に布団をはねあげて立ち上がったかと思うと、

「めっちゃ、はいつくばってる、めっちゃ、はいつくばってる」

そういいながら後ずさり、どしんと床に尻餅をついた。そして、「こんといて、こんといて」と顔の前で両手を振りまわしながら足をばたつかせている。

母親の奇行に恐れをなしたあずみさんは座ったまま壁まで後ずさり、枕を盾にするように顔の前で構えた。

すぐに母親は静かになったが、視線はまだ開いた引き戸の奥の闇に刺さったままである。

しばらく二人は無言で同じ闇を見つめながら固まっていた。
二、三分ほどそうしていただろうか。
あずみさんは玄関のほうに注意を向けながら、こわごわと母親ににじり寄った。

すると、床に置いた手が温かい水に触れた。

「え⁉　なにこれ」

母親は失禁していた。


這いつくばった女がいたらしい。

開いていた引き戸の向こうの暗がりに、その女は落とした物を探しているように下を向いて、首をゆっくり左右に振っていた。

その状態から急にこちらに向かってきたので、取り乱してしまったそうだ。

「あんなゴキブリみたいに来られたら誰でもああなるわ」

今まで怖い目にも何度か遭ったが、失禁したのは初めてだと消沈していたという。

その後も二度、リビングの引き戸が勝手に開いていることがあった。

まだ引っ越そうとは考えていないそうだ。

前進セヨ

二十代の頃、森さんは男六人で沖縄旅行の計画をたてた。

学生時代に戻ったようなバカ騒ぎをしたいというのもあったが、いちばんの目的は大阪から引っ越していった友人に会うことだった。

友人Aは二年前から宜野湾《ぎのわん》に住む叔父の稼業の手伝いをはじめており、彼女も作らず、夜の盛り場へも通わず、刺激のない日々を送っていると本人から聞いていた。ならばちょっとばかり刺激でも与えてやろうと、Aには知らせずにいきなり行って驚かせようと企てた。

結果、サプライズは大成功だった。

Aの働いている住居兼作業所に乗り込むと、これまで見せたことがないような顔で驚き、そして親友たちとの再会を彼は泣いて喜んだ。

「でもこのへんに遊ぶところなんてないで。前もって聞いてれば、おっちゃんの知りあいに船だしてもらえたかもやけどなぁ」

「海はええって。船に酔うわ。他にどっかおもろいとこないん？」

「おれらも刺激たりひんねん」

「シャキッとさせてや」

仲間の要求に困ったAはしばらく考え込むと、

「ほならちょい飲んでから、肝試しでもいこか」

夜に行くとなかなか雰囲気のいい場所があるのだという。


夜の九時ごろ、泡盛で一杯機嫌のAは先頭に立って森さんたちを導いた。

想像以上に沖縄の夜は暗くて音がない。その雰囲気だけでみんなはすでに気圧《けお》されていた。

「緊張すなって。べつにそこ、ユウレイなんておらへんから。聞いたことないわ」

七人は《O御嶽《うたき》》へと向かっていた。

御嶽とは沖縄各地にある祭祀等をおこなう神聖な場所で、面白半分に踏みこんでいいものではない。沖縄で二年も暮らしていながらAはまだ、地元の人たちにとって御嶽がどのような場所であるのかをよく理解していなかった。

懐中電灯を片手に御嶽に繋がる坂を上がっていた森さんたちは同時に気づく。

「なあ。なんか聞こえへんか?」

「なんやろな、これ」

自分たちの靴音にまじって、
ずず、ずず、ずず、と引きずるような音がする。

「お前らほんまビビリやな」とAは笑う。彼には聞こえていないようだった。

ずず、ずずず。ずず、ずずず。

音はまるで歩調を合わせているかのように、森さんたちの足音にぴったりとついてくる。

立ち止まれば、その音も聞こえなくなる。

A以外のみんなは表情をこわばらせていた。妙なことが起きはじめていると察しているのである。「なんか寒いわ」と肩をさすりだす者もいる。

森さんもこの雰囲気に飲み込まれかけてはいたが、もともと霊の存在には否定的な考えを持っていたのでそこまでの緊張はなかった。物事には必ず原因がある。いま聞こえている音も然り。重なり合う足音が無音の屋外の大気に響いて、不気味な音に聞こえるのだと冷静に分析していた。だが、それを口に出すほど空気の読めない人間でもないので、みんなに合わせて怖がるそぶりを見せていたのである。

ず、ずずず、ずず、ずずずず――

「なあ、これ、あかんのとちゃう?」

「ずっと聞こえるで。なんかついてきとるんちゃうんか?」

「やめぇや、なんかって……なんやねん」

「いやほんまこれ、しゃれにならんで」

みんなが怖じける中、Aだけは「ほんまビビリばっかやなぁ」と面白がっている。

するとと、いちばん後ろを歩いていた一人が急に立ち止まって、

「なあ、なあ、なあっ」と、ひきつった表情でみんなに呼びかける。

「おい、やめろや」

「きしょい声だすなや」

「した、した、したぁぁ」

――下？

森さんは足元を見る。

兵隊が這っていた。

映画でしか見たことのない日本兵が、森さんたちと一緒に匍匐《ほふく》前進で坂を上っていたのである。

A以外の全員が同時にそれを目撃し、そして一斉に踵《きびす》を返して坂を駆け下りた。

その場から一歩でも離れたかった。道のずっと先が小さな点《スポット》のように見え、そこだけしか視界に入ってこず、そこを目指して走った。どこを走っているのか、仲間たちはそばにいるのか、なにもわからないまま、ただ闇雲に走った。まるで状況をわかっていないAのはしゃぎ声が後方から追いかけてきていた。

Aの部屋に戻るとみんなで彼に塩を要求し、互いにかけあった。

「見てもうたわ」

「ほんまにおんねんな」

「あんなん持って帰ったらどうしよ」

そんな仲間たちの様子を見てもAは最後まで「んなもん、おるわけないやろ」と一切信じなかった。

「一生忘れられない出来事です」と森さんは当時を振り返る。

今でも時々、夢に見ることがあるそうだ。

現在は沖縄でグループホームを経営されており、もうすっかり島人《しまんちゅ》だという森さんは、今なら自分たちのやろうとしたことが如何に軽率な行動であったかがよくわかるという。

《O御嶽》周辺はその手のスポットとして有名であるが、日本兵を見たという話は今まで一度も聞いたことがないという。ネットで《O御嶽》周辺の様々な怪談や物騒な噂が囁かれているのを見るが、あのような体験をしてしまってはどんな話も子供騙しに思えるそうだ。

生首を飾る家

朱音《あかね》さんがY田村に行ったのは、中学二年生の夏だった。

とくに親しかったわけでもないクラスメートの男子二人と三人で、「生首を飾る家」を見に行く話になったのである。

もちろん本物の生首ではなく、また飾っているわけでもない。ある畑の持ち主が（おそらく）カラス除けの案山子《かかし》がわりに、マネキンの首を畑に突き立てているのである。

朱音さんは二週間前にもクラスメートの女子数人で、Y田村まで見に行ったことがあった。自転車で何十分もかけて行ったわりには、さして面白い光景でもなく拍子抜けしたのだが、今回は目的がまるで違う。

実は以前から同行する男子の一人のことが気になっており、これを機に距離を縮められたらという思惑があって、興味があるふりをしてY田村までついてきたのである。

そもそもＹ田村という村は、このあたりの地区には存在しない。

かつて、そう呼ばれていた村はあったが、昭和三十年代に村自体は消失、大阪の吹田市や茨木市の地名にその名残が見られるくらいである。理由は不明だが、一部の子供たちのあいだでその村名が復活し、オカルト的な話から芸能人の●●の出身地だという噂まで、学校でもなにかと話題にのぼっていた。

これもまた理由は不明なのだそうだが、もともとＹ田村だった場所がそう呼ばれているわけでもない。Ｙ田村だった場所とはまったく違う地域をその名称で呼んでいるので、子供たちのいっているのは、さしづめ幻のＹ田村なのである。

ペダルを漕ぎながら、朱音さんは早い段階で異変を感じていた。

以前、クラスの女子たちと行った時と、まるで街並みの印象が違って見えたのだ。

出発が夕方と遅かったこともあり、空の明るさの加減で見え方が違っているのだと思った。だが、それにしても違いすぎる。前に見た街並みはもう少し洗練されていたが、今は家や道の作りが見るからに古くさく雑で、野暮《やぼ》ったい。道路もぼこぼこしていて、自転車のタイヤがパンクしないか心配であった。

家屋が密集しているために道がかちゃかちゃと入り組んでおり、自転車がぎりぎり通れるくらいの細い路地がいくつもあった。そんな道を通った記憶がない。

まっすぐ進んでいるつもりでも、振り返ると通った覚えのない道や見た覚えのない家がある。怖くなって引き返したくなったが、これでは戻ろうにも戻れない。

同行した二人の男子も道をわかっていなかったようだが、よほど生首を見たいのか、ペダルを漕ぐ足をまったく止めなかった。

だが、昔の長屋のような古びた木造家屋が現れると、なにか気になるものでも見つけたか、その家の門前で自転車を止めて上を見上げた。

屋根の上に丸いものが幾つも並んでおり、逆光でよく見えないが大きめの石のようだった。あんなものが頭の上に落ちてきたら危ないなと朱音さんもそれを見ていると、その家からランドセルを背負った女の子が出てきた。

おかっぱ頭で、茶色い長袖の服と薄汚れた長ズボンをはいた、どこか昭和っぽさを感じさせる外見の子だった。すれ違いざまに見ると女の子は彫りの浅い薄い顔で、ぞっとするほど子供っぽさがなく、顔つきと背格好のバランスが微妙におかしく思える。まるで子供の型に大人を無理に嵌め込んだような奇妙な印象を抱いた。

女の子はランドセルの肩かけのベルトを両手で握って、跳ねるように走っていった。

その家の数軒先に、小さな畑を敷地内に持つ立派な邸宅があった。

ここだった。

以前に見た「生首を飾る家」である。

畑には棒を刺したマネキンの首が田楽のように並んでいた。

どの首も門側に——朱音さんたちのほうへ顔を向けている。

いずれも眠ったように目を閉じ、への字口で、陰気臭い表情であった。

その中に、さっきの女の子と瓜二つの顔を見つけ、驚いて男子たちに伝えた。

「うわ、ほんまや」

「こわっ」

男子たちは大はしゃぎし、あの女の子は幽霊だといいだした。

そっくりなマネキンがあるだけで、どうしてあの子が幽霊ということになるのか、まるでわからないが、なんだか厭な感じがした。

朱音さんが厭な顔をすると男子たちは面白がって、「幽霊や、幽霊や」と騒ぐ。まるでガキみたいだなと、せっかく芽生えかけた恋心もあっさりと冷めてしまった。
帰りは行きほど迷うことなく、自分たちの町に戻ることができた。

その日の晩、朱音さんはY田村で見た古びた家や異相の女の子、畑の生首のことなどを家族に話した。

すると姉に「マネキンの顔って、もっと外国人みたいな日本人離れした派手な顔じゃない？　朱音が見たのって、ほんとにマネキンの首だった？」と厭なことをいわれ、朱音さんは腹が立った。だが考えれば考えるほど自信がなくなり、姉になにも返せなかったという。

それから半月ほど経ち、再び女子数人で「生首を飾る家」を見にいった。

今度は迷うこともなく簡単に辿り着けたが、畑の生首は男子たちと見た首ではなく、いずれもデパートなどで見る日本人離れした顔ばかりであったという。

あたたかみ

ある会合に参加した時、作家のK女史と川越の喜多院にある五百羅漢《ごひゃくらかん》像の話題で盛り上がった。

詳しい謂《いわ》れは省くが、次のような言い伝えがある。

《深夜に一人、明かりをつけずに五百羅漢像の頭を一体一体なでていく。すると一つだけ、温かい頭がある。この頭に印をつけておいて翌朝また見に行くと、その羅漢像は亡くなった親の顔にとてもよく似ている》

私はこの話を図書館の民俗資料から見つけ、亡き親の面影と再会できる良い話でありながら怪談的な怖さもあるのでたいへん興味深く読んでいた。亡くなっている人の顔を探す手掛かりが「温かみ」というのも面白い。K女史も同じ印象を持ったようであった。

その会合から数日後、知人にこの話をすると思わぬ反応があった。

「〝なでる〟で思い出したよ。これも怪談なのかな？　本人に確認しないと書いていいかどうかわからないけど、いちおう聞いてみる？」

――Sって友達の話なんだけどな。

中学か高校の時、そいつの親父が亡くなってるんだよ。

病気っていうか、心不全？　ある日突然、ポックリだよ。

それでこれは亡くなる前日の話なんだけどさ。

Sの母親が急に不安そうな顔で、Sにこんなことをいい出したんだと。

「お父さんが変なことというのよぉ」って。

かなり動揺してたみたいだから深呼吸させて、落ち着かせてから話を聞いたんだって。

で、聞いてみたら、それが変な話でさ。

寝ていたら明け方頃にゆすり起こされて、見たら横で誰かが座ってる。びっくりしてよく見ると、旦那が隣の布団の上にあぐらかいてたんだって。「なに？」って訊いたら、「おれは死ぬから」ってひと言いって、そのままコロンって寝ちまったんだって。

妙な夢でも見たか、寝ぼけてたんだろうって母親は思ったんだけど、でもどうも厭な予感がしたらしくてな。

旦那が死んじまっていないかを確認したんだよ。

でも、息を確かめるのは怖くてできなかったみたいで、顔をこうやって撫でたんだって。

体温を確かめたかったんだな。

あったかい。ああよかった――って、手を離しかけて、「ん?」

もう一度、旦那の顔をさわったんだよ。

そしたらさ、どんどん温かみがなくなっていって、冷たくなっていくんだって、旦那の顔が。普通じゃないくらい冷たくなっていくんだって。

それでも息は確かめない。自分が悪い夢でも見ているんだって、そう思ったそうでさ。

それから、寝たのかどうかもわからないまま気がついたら朝になってて、旦那は何事もなかったように起きて、朝飯食って会社に行ったから、いったんはSの母親も安心したんだよ。

でも昨晩に旦那がいった言葉を思い出して途端に怖くなっちゃったんだな。

Sも母親の話を聞いて、たしかに夜中に起こされて「おれは死ぬから」なんていわれたら、そりゃ怖いよなって思ったんだけど、でもまあそれは寝ぼけていたんだよって母親にいったわけ。けど母親はそうは思ってないようでさ。

「あの人まるで自分の死期がわかったみたいにいうのよ」なんつってさ、旦那が何かの病気なんじゃないかとまで疑いだしてな。すぐ病院に連れて行って検査をさせようとかいうからSも困ったんだって。

とにかく、もう少し様子を見ておこうよ、なんて話していた翌朝、Sの父親は布団の中で冷たくなっていたんだってさ。

――っていう話なんだけど、これって怪談になる？

Sさんの承諾を頂けたので収録した。

強化型

藤間《ふじま》さんは殺虫剤の開発をされている。

おもな仕事内容は飼育。試験用のゴキブリ、ハエ、蚊などを育てることで、それらの飼育マニュアルも存在する。

いずれも顔をしかめられるような害虫ばかりだが、藤間さんは生育促進に没頭するあまり、彼らに愛着がわいてしまい、しばしば殺したくないという感情が芽生える。

殺虫剤の試験のために飼育されているのだから、いわば殺すために育てているようなものである。彼は「人間都合の生殺与奪」に複雑な気持ちを抱きながらも、この仕事には誇りを持っているという。

しかし、虫もただ犠牲になるわけではない。

年々、殺虫剤に強くなっているらしい。

以前までは効いていた薬品も、個体差もあるが徐々に効かなくなるという。そうして強くなった害虫を飼育し、薬品のどの成分の効きが弱くなったのかを調べあげ、その調査結果を新たな殺虫剤開発に生かすのである。

ただでさえ生命力の強いイメージのあるあの虫が、年々強くなっているだなんて苦手な人にはぞっとする話だが、藤間さんは心のどこかでこのまま最強のゴキブリやハエが生まれることを望んでおり、人間の都合だけではどうにもならないモノもあるというのを実証したいのだと語った。

「殺虫剤を作っている人間がこんな中二病みたいなことといったらまずいんでしょうけどね。それに、自分の家に出られたら衛生上よくないんで当然、処分してます。まあ、それが難しい相手もいたんですが――」

以前、藤間さんが兄と住んでいた部屋に、見たことがないほど大きなクロゴキブリが現れたことがあった。それまでゴキブリが家でわいたことはほとんどなく、たまに見かけても小さなチャバネくらいであった。

テレビ台の下から長い黒髪のような触角を振って現れたそれは、壁に立てかけてある兄のギターケースの裏に隠れた。

こんなものを兄が見たら大騒ぎである。「お前が仕事場から持ち込んだんだ」と謂《いわ》れのない疑いをかけられ、家から追い出されるかもしれない。

兄が仕事から帰るまでに見つけて処理しなければ――。

ギターケースをどかすと、すでにそこにはいなかった。

視界の隅を黒いものが動いた気がして目をやると、先ほどのクロゴキブリがカーテンの襞の谷間を上に向かって移動している。傷つけずに捕まえて外に出せるなら、それがもっとも理想的な解決の仕方なのだが、悠長なこともいっていられない。

対G兵器を使用することに決めた。

「他社と比べるまでもなく、断然うちの製品の効き目は信用できるんで、自宅にも数本常備してあったんです」

殺虫剤のスプレー缶を構え、長いノズルの照準を黒い標的に合わせ、プッシュする。

泡をくったような動きでゴキブリはカーテンの谷間を上に移動し、カーテンレールとカーテンの上辺の隙間から逃げる。カーテンの裏側へ行ったのだ。

放っておいても長くはもたないだろうが、奥まった場所で死なれて死骸を見つけらないのも困る。この場でとどめを刺し、早急に回収して処理すべく、カーテンを掴んで振った。

ぼとりと落ちる音がしたので下からカーテンを捲りあげると、そこからゴキブリが駆け出てきた。すかさず殺虫剤で追い打ちをかけようと近距離から噴射する。

しかしゴキブリはものともせず、壁のコンセントの横を通って――消えた。

「わが目を疑うって、ああいうことですね。その壁の周りにはなにもないんで、潜り込んで隠れることもできないんです。コンセントの穴に入れるようなサイズではなかったですし――そうなんです。目の前でゴキブリが消えたんです」

自分はゴキブリの幽霊を追いかけていたのではないか。

あるいは本当に最強のゴキブリを生み出したのかもしれないと、怪談より恐ろしいことを彼はいってのけた。

牡蠣

地下鉄サリン事件の起きた日なので鮮明に記憶しているという。

久賀《くが》さんは出張で横浜・関内のビジネスホテルを利用していた。

予定より早く所用を終えたので、コンビニでワンカップ酒やつまみを買いこんで夕方頃からホテルの部屋で一人晩酌をしていた。

十時くらいに酒が切れたので近くのコンビニで再度調達し、ホテルに戻ってベッドに座った瞬間、部屋の照明が消えた。

停電だろうかとテレビの電源を入れるが問題なくつく。

報道番組が今朝の事件の映像を流していた。

トイレや風呂の照明もつくので、部屋の照明具に問題があるのかもしれない。

フロントにかけようと受話器を取るが電子音が聞こえず、プッシュボタンを押しても反応がない。直接フロントに行かねばならないようだ。

面倒だなと溜め息を吐いてベッドに座る。

ぐらりとよろめいた。

飲みすぎたかなと姿勢を戻そうとするが、斜めに傾《かし》いだ体を戻せない。しかも、どんどん体は後ろに傾いでいく。

違う。

酔いのせいではない。

久賀さんが座っているベッドに他の重みが加わっているのである。

座った姿勢のままバランスを崩した久賀さんは、ベッドに仰向けで倒れこんだ瞬間、叫び声をあげた。

同じベッドに、白い浴衣を着た女が座っている。

久賀さんの顔を覗き込んできた女は、顔の半面が黒く爛《ただ》れ、牡蠣《かき》の殻のようになっていた。

大声をあげながらベッドから転げ落ち、抜けかけた腰を引きずるように床を這い、すがるようにドアノブを掴んで部屋を飛び出した。他の部屋の宿泊客がドアから顔を覗かせ、不審な目を向けてきた。

フロントに駆け込んで説明をしたが、酒の匂いをぷんぷんさせている久賀さんの言葉に信憑性はない。ホテルマンとともに部屋に戻って照明や電話機の確認をしてもらったが、いずれも問題なく使用できた。

先ほど見たものを証明できる材料はなく、久賀さんはやむなく「飲みすぎたみたいです。すみません」と謝罪した。


翌朝になってユニットバスの中が酒臭いのに気づいた。

洗面台が濡れているので指でとって嗅ぐとそれが臭いの元であった。

昨晩、追加で買ったワンカップ酒が飲んだ覚えがないのに消えており、探すとゴミ箱に空の瓶が放り込まれていた。

久賀さんはあの女の仕業だと確信している。

汚れた浜

別件の取材でお世話になっていた知人が、思わぬ怪談案件へと私を導いてくれた。

彼は関東暮らしだが、生地は日本海側のIという静かな町である。

その町は遠目に見ると階《きざはし》の形がわかる海岸段丘といわれる地形にあり、ケーキのイチゴのように住宅や神社が高台に載っている。北側一帯は国立公園で初春には冷たい海風に耐えてヒトリシズカがまばゆく咲くという。

神社の付近には小さな浜がある。

そこは地元の人しか知らない、聞いていなければ知らずに通りすぎてしまうような人目につきづらい場所にある。これも段丘地形の特徴なのか、ごく狭い範囲の土地が急に下がって、そこが海と繋がる浜となっているのである。

「そこは町の暗部なんです」

その浜の画像を見せてもらった私は言葉を失った。

大量のゴミである。海から流れついたものだろう。破壊されたボート、なにかの木片、オレンジ色の浮き等が波打ち際に沿って三日月の形に溜まっている。

それだけなら海で出た廃棄物なので、そこまでの衝撃はなかった。しかし、陸地の樹木が迫り出して翳る箇所には、人目につかぬと思って棄てたのか、発泡スチロールの容器、ペットボトル、赤い石油タンク、タイヤなど、自然分解するには程遠い廃棄物が見えたのだ。

森林公園側の緑薫る自然豊かな景色と見比べると、別の国の海を見ているようであった。

知人はこの浜で不審な人の姿を見ていた。

「用事があって、バイクでここを通った時に見たんです。はじめはゴミの投棄かなって。でもまだ空も明るい時間でしたから、地元の人間がやればすぐバレますし、かといって、わざわざ遠くから棄てに来るような場所でもないんです。だから、ゴミの中からなにかを拾っているのかなって。ほら、一見、面白いものがありそうですし。まあでも地元の人間なら、ほんとにゴミしかないのはわかっていますからね。よそから来た人が物珍しさに入ったのかなぁとか考えながら通り過ぎたんですよ」

用事を済ませて同じ道を通って帰っていると、先ほどの人はまだ浜にいた。

もう陽も沈みだしており、地形の下がっている浜はいち早く暗くなっていた。

潮が満ちて浜が海水に沈むことはないが、それでも危ないなと思い、声をかけておこうとバイクを路肩に停めてエンジンを切った。普段はそういうことはしないのだが、この時は妙な胸騒ぎがしたのだという。

しかし、どこから下りたら浜に辿り着くのかがわからない。子供の頃から知っている浜なのだが、一度も下りたことがなかった。

上から声をかけようと浜を覗き込むと、さっきの人が海に入っていくところであった。

慌てて大声で呼び止めたが、どんどん入っていく。

その人影は海面から頭だけを出した状態のまま、数キロ離れた離島の影に向かっておそろしい速さで移動し、やがて見えなくなった。

「本当に人だったのかっていわれると自信がないんですが」

アザラシのような海獣ではなく、それは二本の足で歩いていたそうだ。

一日目

一昨年《おととし》、結衣《ゆい》さんの父親が亡くなられた。

母親は十年前に先立っており、親族への通達や葬儀その他諸々の手配はおもに長女が一人で務めた。

葬儀までの二日間、父親には二階の部屋で寝てもらうことになった。

そこは両親の寝室であった。

父親の顔を見つめ、結衣さんは「ごめんね」と伝えた。

結衣さんは四姉妹の末っ子で、姉たちがいうには父親がいちばん彼女を可愛がって大事にしていた。それなのにろくに親孝行らしいこともできず、口ごたえばかりし、父親に大事にされるような「良い娘」ではなかった。どうして、もっと素直になれなかったのかと後悔の涙を流した。

初日にやるべきことをひと通り済ませると、姉妹たちに疲れが一気にのしかかった。

とくに長女はもう限界で、座り込んだまま何度も眠りかけている。

まだ早い時間だったが明日もあるから休もうということになる。

「どうする。二階でお父さんと一緒に寝る？」

次女の言葉に誰も首を縦に振れなかった。

みんな、こわかったのだ。大好きな父親でも、二階で寝ているのはドライアイスで冷やされた物言わぬ死体なのである。

「寂しがるかな、お父さん」

「わかってくれるよ。お父さんだもの」

「だよね」

姉妹たちは掛け布団だけを二階から引っ張り出し、一階の二間で雑魚寝《ざこね》をした。

結衣さんは眠れず、瞼《まぶた》を閉じたまま眠気が来るのを待っていた。

どれくらいそうしていただろう。

結衣さんはパッと目を開くと、がばりと起き上がった。

ほぼ同時に次女、三女も起き上がる。
そして三人とも、熟睡している長女に視線を向けた。
彼女から聞こえる、鼻が詰まって苦しそうな太い鼾《いびき》。
それは、父親の鼾であった。
ああ、お父さん、やっぱり寂しかったんだ。
結衣さんも、二人の姉もそう思ったそうだ。

二日目

まんじりともせず朝を迎えた結衣さんと二人の姉は、昨夜の鼾のことを長女に話した。

「私も聞きたかったな」と悔しそうな長女に、昨夜は三人とも眠れていないから今夜はきっと私たちから聞こえるかもよと期待をさせておいた。あれから明け方近くまで、父親の鼾は長女から聞こえていたのである。

「録音しておこうかな。ちゃんと聞かせてよね、お父さん」

そういっていたのに、晩になると長女は真っ先に寝てしまった。

無理もなかった。今日は方々への連絡や弔問客の対応だけでなく、田舎から出て来た爺様婆様たちを宿へ案内するなど昨日より慌ただしい一日だった。

この日も姉妹たちは一階で寝た。

やはり父親の横で寝ることに抵抗があったのと、寂しければ父親のほうから来てくれるだろうという話になったからだ。

一階の二間はどちらも洋間で、玄関寄りの部屋で結衣さんと長女が、隣の部屋で次女と三女が寝ていた。二間を仕切るウォールドアがあって、閉めると狭く感じるので普段は開いているのだが、長女の鼾がうるさくて寝られないとの理由で、この日は閉められていた。

また聞こえるかな——結衣さんは待ってみたが、長女からは彼女の鼾しか聞こえてこない。あれは一晩だけの奇跡だったのだなと瞼を閉じる。

——いる。

瞼越しにわかった。

目を開けば、すぐそばにいると。

間違いない、父親だ。

姿など視ずとも、長い時間を共に過ごした家族である。気配、存在感でわかる。

でも、目を開くことはできなかった。

こわいのだ。

いくら父親でも見たくない。

父親は今、二階の部屋に横たわったまま、二度と目は開かず、口も開かず、立ち上がることもない。死んでいるのだ。死んでいる人がそこにいるのに、こわくないはずはない。

昨晩は鼾を聞けたことで父親と再会できたような温かい気持ちになれた。でも、それだけで十分だ。それ以上は望んでいなかった。

ああ、いる。

どんどん存在感が強くなる。瞼の裏に父親の顔が浮き出てきそうだ。

でも、お父さん、ごめん。さすがにわたしこわいよ。目は開けられないよ。

心の中で父親に何度も謝った。

「ちょっと」

隣の部屋から三女の声がした。

「結衣、起きてるんでしょ」

がたがたと仕切りのウォールドアが震えた。

返事をしようと口を開きかけると、

「お父さんが呼んでるよ、結衣のこと」

凍りつく。

がたがた、がたがた——音が激しくなる。

「ねぇ……結衣を起こせっていってるからさ。目が覚めてるんなら早く起きなさい」

いつもなら三女の悪い冗談だと無視しただろう。だが、昨晩の体験の記憶が、これは冗談などではないと突きつけてくる。結衣さんがいつまでも目を開けないから、しびれをきらした父親が三女の口からいわせているのだ。

「ねぇってば。わたしがお父さんに怒られるから、はやく起きなよ。起きて、起きて、起きろ、おきろ」

がたがた、がたがたがたがたがたがたっ。

ウォールドアの震えが、どんどん激しくなる。

結衣さんは瞼をぎゅっと固く閉じたまま祈った。

お父さん、お願いだから怒らないで。無理だよ。こわいよ。目は開けられません。ごめんなさい。ごめんなさい。ごめんなさい。

すうぅっと、瞼の向こうにあった父親の気配が消える。

ウォールドアの震えも静かになっていた。

結衣さんはいつのまにか号泣していた。

「あんた、なんで無視したの?」

翌朝、三女に叱られた。父親は怒っていたという。

姉妹の中でいちばんかわいがり、いちばん心配していたからこそ、きっとなにか言い残したことがあって、それを伝えるために来てくれたのに、なんて薄情な娘だときつく責め立てられた。

「また来るっていってたよ。次はちゃんと起きなよ。あんたまたこんな薄情なことすると、お父さんに」

つれてかれるよ。

結衣さんのもとにはまだ、父親は来ていない。

その取材で

ＬＩＮＥのビデオ通話で結衣さんから『一日目』の話をうかがっていると、少々気掛かりなことがあった。

亡くなられたお父様の鼾が聞こえた——という場面に差し掛かった時である。結衣さん側の音声に男性のような声が入ったことに、私と、隣で一緒に聞いていた妻が気づいた。

正確には声というより、咳払いと洟《はなじる》をすするような音であったが、咳払いには男性の低い声のようなものがわずかに絡んでいた。

結衣さんは現在、一人暮らしと聞いている。テレビがついているのかもしれないが、音声が入ったのはその一度きりである。

結衣さんは気づいておられぬ様子であったし、時刻は午前一時をまわっている。

妙な質問をすれば怖がらせてしまうと判断し、その場では確認せず、またお伝えもしなかった。

取材を終えてすぐにレコーダーで該当箇所の音声を繰り返し確認した。どの場面で聞こえていたのかは覚えていたが音声の混入箇所を探すのに手間取り、四度聞き逃し、五度目でようやく該当箇所がわかった。

結衣さんの声と相づちを打つ私の声の二声と重なるように入っていたため、なかなか聞き取れずに幾度も逃したのである。また通信状況の悪い中のビデオ通話を録音した音声なので、先刻ほど鮮明には聞こえなかったのが残念であった。

この後、本稿を結衣さんにご確認いただくつもりだが、些《いささ》か不安である。結衣さんは今も、お父様のご来訪を恐れているからだ。

ガラ

菊田《きくた》さんの義祖母のよし子さんが、学生の頃に聞いた話である。

よし子さんが通学に使っていた道の途中に、鍋でも漬物でも時計でもなんでも売る、いったい何屋なのかわからない《ふくしんや》という商店があった。その店の主人がかなりのおしゃべり好きで、買い物に来た客と話し込んでいるのをよく見かけた。

ある日、よし子さんが親の使いで買い物に行くと、初めて見る初老の男性が店の主人と話し込んでいる。店で見るのは近所の顔見知りばかりなので、珍しいなと二人の会話に耳をそばだてていた。

「そりゃあんた、ぜったい殺人事件だよ」

店の主人が興奮気味に声をあげた。

なにやら面白そうな話をしている。

買い物を早々に済ませ、主人に頼むと横で話を聞かせてもらえることになった。

初老の男性は気を利かせて、初めから話してくれた。

「学校を卒業して親の仕事を手伝いはじめたぐらいだったよ」

そこで語られたのは、同氏の生家がある田舎町で起きた不可解な事件であった。


夏の終わりごろ、ある家の子供が布団の中で冷たくなっているのが見つかった。

見つけたのは母親で、子供に外傷はなく、病気の兆候もなかった。

自然死とされたが、不審な点はあった。

前夜まではなかったものが現場に残されていたのである。

遺体の胸の上に、くしゃっとした白いものがのっていた。

蛇の抜け殻であった。

この話は近隣住民のあいだですぐに広まった。

子供たちは、大蛇に絞め殺されたのではないかと恐れた。

それから幾日も経たず、今度は別の家の子供が亡くなった。

自宅の便所の中で座り込むように死んでいた。こちらも外傷はなく、また持病を抱えていたわけでもないので自然死とされた。

そして、またもや遺体の付近には蛇の抜け殻が残されていた。

近隣の子供たちはすっかり「人食い大蛇」の存在を信じ、子供の集まりそうな空き地はどこもかしこも、その話で持ちきりだった。死んだ子供たちは無傷であり、正しくは食われたわけではないので「人食い」でもないのだが、大蛇の噂はどんどん大きくなり、子供たちは山へ遊びに行かなくなった。大蛇に見られて家までついてこられたら、自分も殺されてしまうと恐れたからである。

大人たちは当然そのような怪談めいた噂を信じなかったが、ただの連続ポックリ死でもないとは感じていたようだった。

口さがない者たちは親が殺したんだと触れてまわっていたそうだ。


「殺人事件ですよ、ぜったい」

店主は断言する。

「あんたはどう思う?　この事件」

唐突に男性に問われ、よし子さんは苦笑いで首を横に振る。

「おれはね、人食い蛇の仕業でも親の子殺しでも、ただのポックリ死でもないって思ってるんだよ」

老人は、最初に亡くなった子供の家から見つかった蛇の抜け殻を見せてもらったことがあるという。どういう経緯かは不明だが、新聞紙にくるんだ蛇の皮が、まるで回覧板のように家々を回ってきたのだそうだ。

それを見れば、子供たちの恐れる人食い大蛇などでないことは誰にもわかった。よく道端で見かける蛇の死骸と同じぐらいの大きさで、けっして大蛇ではなかった。

だが、問題はそこではない。

まるまる一匹分の抜け殻ではなく、腹の一部の皮であった。

しかも、ハサミのようなものできれいに切り取られたものである。

つまり、人の手が加えられたのである。

死んだ子の家族や警察が切ったのではなく、はじめからこの状態で見つかったとのことだった。

誰かが家に入り込んで殺害後にそれを置いたのか――。

しかし、二児は自然死だったという結果は覆らなかった。

蛇の抜け殻以外の事件と判断しうる手掛かりが見つからず、なにより、二児の遺体は死の要因となるような痕跡が一切なかったのである。

不幸な連続突然死——その結果に納得できない遺族が何らかの訴えを起こすものと見られていたが、両家とも警察や医師の出した結果をおとなしく受け入れた。

その後、両家とも転居したのか、気がつくと二軒とも空き家になっており、何年ものあいだ朽ちるに任せ、やがてほぼ同時期に取り壊された後、地方移住者の洒落《しゃれ》た佇まいの家が建った。

「今でもおれはね、どっちの家も呪いをかけられたんじゃないかって思ってるよ。蛇のガラは、悪いことを呼び込むために置かれたんじゃないかね」

よし子さんはそれから蛇がなによりも嫌いな生き物になったそうで、菊田さんの持っているクロコダイル革の財布も嫌がるほどだそうだ。

いかないで

沙里《さり》さんは小学生のころまで、大阪の万博記念公園駅付近にある集合住宅に住んでいた。

その4LDKの家では、沙里さんの姉がたびたび、「家の中を移動する人のようなもの」を見ることがあり、「家になにかがいる」といって一人で寝るのを嫌がっていた。

姉はよくそういうことをいう人なので不思議ではなかったが、オカルト的なものを一切信じていない父親までが連夜、金縛りに見舞われるといったことがあった。

「うちの父は外国人なんです。父の国でも金縛りってあるみたいなんですが、日本に来て初めて体験したって驚いてました。私はそういう体験が一度もなかったんで、いいなあって、姉や父が羨ましかったんです。小さいころはホラー映画とかもよく見て、大好きでしたし、映画みたいなことが起きたら面白いのにって思っていたんですよ。でもほんとなくって、きっとそういう人のとこには来ないんだろうなって諦めていたんですけど」

一度だけ、あったという。

小学校を卒業する頃、住んでいた部屋《いえ》を売りに出すことになった。

沙里さんは自分の部屋とお別れをするのがとても哀しかった。

人形が大好きで、きれいなドレスを着せた外国製ドールから、フリーマーケットで見つけたハンドメイドのフェルト人形までなんでも集めていた。部屋には壁に据え付けの棚があり、そこに並べたコレクションの人形を眺め、飾る人形を入れ替えてみたりする時間が、どんな遊びよりも楽しかった。

荷造りの際、ずっと前に友達からもらった大事な人形が二体、どこを探しても見つからなかった。

姉に話すと、きっと家にいる「なにか」が持って行ったんだよといわれた。

納得できるはずもなく、部屋を隅から隅まで探したが見つからなかった。

部屋《いえ》の売り手が決まり、家具などの荷物も運び終え、沙里さん一家は新居に住み始めた。

だが、明け渡しまでにはまだ日にちがあるので、ものがなくなって空っぽになった家に友達を呼び、シルバニア・ファミリーを自分の部屋に持ち込んで人形遊びをした。

そして、部屋《いえ》の明け渡しを明日に迎えた。

この日は沙里さんの友達だけでなく、姉やその友達も来ていた。

もう今日で最後なんだなと、この家で過ごした思い出を噛みしめ、沙里さんは泣きながらシルバニアで遊んだ。

日が暮れて帰る時間になり、みんなが靴をはきだした頃。

家との別れを惜しんで泣く沙里さんに姉が優しくいった。

「ちゃんとおわかれしよう」

沙里さんと姉は靴脱ぎ場から家の中に向かって「ありがとう、ばいばい」と手を振った。その場にいる友達にとっても通いなれた家である。みんなで家に別れを告げ、さあ、もう行こうかと姉がドアに手をかけた、その時だった。

どど、どど、どどどどど。

真っ暗な奥の部屋から、複数の足音のようなものがものすごい勢いで近づいてきた。

沙里さんたちは我先にと玄関を飛びだした。


翌日、家族ぐるみの付き合いがあった下の階の部屋へ、姉と二人で挨拶にいった。

大学生の女性がいて、よく家にも来て沙里さんと人形遊びもしてくれた。

女性は「寂しいわあ」と沙里さんを抱きしめた。

「そうそう、沙里ちゃん、昨日も夜中に来たん？」

「え、夕方には帰ったけど、なんで？」

「うそやん。一時とかかなあ。ぎっぎって、上から音がすんねん。それってあのベッドの音やんな？」

沙里さんの部屋には、横に引き出すタイプの二段ベッドがあった。一人で寝るのが嫌だという姉のために購入したものである。それを引き出す時に軋むような嫌な音がするのだが、ベッドはとっくに分解して処分されている。

「足音も聞こえてんで。とことことこって、あれは大人やないな、子供？　何人もいる感じやで。え、なに、ほんま来てへんの？　こわがらせようおもって嘘ついとらん？」

その後の帰り道で姉が「やっぱ何かおってんやん」と独り言を呟いたのを耳にした。

沙里さんや下の階の住人が聞いたのは、もしかしたら失くなった二体の人形の足音だったのではないか――そんな憶測を私は口にした。

すると沙里さんは「ええー、それはないわぁ」と笑っていた。

キツネからもらう

「この話をした後はいつも、なんだったんだろうなって、遠い目をしてました」

信一さんはよく、父の昌一郎《しょういちろう》さんからキツネの話を聞いた。

次のような話である。


昌一郎さんの父親は家で小さな工場を営んでいた。

昔から人づきあいがうまく、人脈に恵まれていた父親は良い仕事を多く回してもらえたので家庭は裕福であった。だが父親が身体を壊して入退院を繰り返すようになると操業が急に難しくなり、次第に社員への給料の支払いも滞るようになった。

一人、また一人と辞めていき、最後の一人も辞めると、ノウハウも知らぬ母親が工場に入ってなんとか立て直そうとした。当然うまくまわせるはずもなく、母親は半ばノイローゼのようになった。

そんな状況で勉学に励めるはずもなく、昌一郎さんは高校を一ヶ月ほどで辞め、工場の仕事を引き継いだ。

同年の者が勉学に勤しんでいる頃、昌一郎さんは油まみれになりながら鬱々《うつうつ》と仕事に明け暮れていた。

そんな日々の中、唯一の癒しが悪ガキどもとの交流であった。

悪ガキといっても本当の悪ガキではなく、近所に住むイタズラ好きな小学生の集まりである。彼らは学校が終わると昌一郎さんの工場の前の道に集まり、ベーゴマやメンコ、騎馬戦などをして遊んでいた。作業場の窓から見えるその光景は、鬱屈した心をすぐ清涼剤となっていた。

そんな悪ガキたちは時折、窓の外から身を乗り出し、昌一郎さんの仕事を覗き込むことがあった。窓のすぐそばに仕上げ用の作業台があり、そこにある工具や作業が物珍しかったのだろう。たまに菓子などをあげていたらすっかりなつかれてしまい、ほぼ毎日のように窓から覗くようになった。

悪ガキたちの中に一人、大人びた〝とっぽい〟子供がおり、「ケンヤン」と呼ばれていた。彼はリーダー的な存在で、悪ガキたちがあまり調子に乗ると「にいちゃの仕事の邪魔すんな」と注意もしてくれた。

そんなケンヤンがある夏の日、工場前の道に悪ガキどもを集め、なにやらひそひそ話をしだした。目の前でやっているので昌一郎さんには筒抜けである。これは自分にも聞かせてくれるつもりの声量なのだろうと勝手に解釈し、遠慮なく聞かせてもらった。

なにかと思えば、また「キツネ」のことだった。

普段から彼らの会話の中に、よく「キツネ」という言葉が出てくる。

聞いていれば動物のキツネのことでないことはわかる。そういうあだ名の喧嘩相手でもいるのだろうと思っていた。

その日はいつになく真剣な顔つきで、ケンヤンは子供たちにこう説いていた。

「えぇーが、もうキツネにゃ、ちょっけぁかけんな」

「わがったんか、キツネにゃ、ちょくらがすなよ」

キツネにちょっかいをかけるな。キツネをからかうな。そう戒《いまし》め、諭《さと》している。

その後、神社云々《うんぬん》といっているので、どうもキツネとは御稲荷《おいなり》様のことのようだ。

何度も釘を刺しているところを見ると、この中の誰かが何かをやらかしたに違いない。

御稲荷様に落書きでもしたか、あるいは壊してしまったか。

ケンヤンは悪ガキどもの大将なので基本、悪戯をするなと注意することはなかった。だが、よほどのことをしでかしてしまったのだろう。悪ガキたちの表情もこわばっていた。

このあたりで子供の足で行けそうな神社というと一ヵ所しかない。

はて、あそこに御稲荷様なんてあっただろうか――。

妙に気になったので、なにかのついでに神社へ寄ってみようと考えた。

だが、せわしい日々が続いてその機はなかなか訪れず。ひと月ふた月と経って、すっかり忘れていた頃――ケンヤンが死んだ。

病だった、としか聞いていない。

それから悪ガキたちはしばらく姿を見なかったが、一度だけ工場の前に集まった日があった。

彼らにとってケンヤンはいい兄貴分だったのだろう。彼がいなくなったことで、以前のような快活さは消えうせ、みな消沈している様子だった。

その日、彼らが交わした会話は、次のたった二言だった。

「ケンヤンは、しゃんとキツネと話したがよぉ」

「あったいにあやまったが、なんでもらうんだ」

その会話から推察すると――。

ケンヤンは悪ガキたちを代表し、悪戯したことを「キツネ」に謝りに行った。

だが、ケンヤンは許されず、キツネから何かを「もらって」しまった。

悪ガキたちはそれが原因でケンヤンが死んだと思っているようだ。

――もらった？　なにを？　バチが当たった、ということか。

昌一郎さんは作業の手を止め、彼らのすすり泣く声をずっと聞いていた。


その数日後、病床の父親が世話になっている医者からこんな話を聞かされた。

「あんだの親父《おやず》は聞ぎわげいいし、ものきいてくれっから助かるよ」

心配して毎日のように声をかけても、まったく届かない人がいるらしい。

キツネさんだという。

医者の家の近くに神社があり、そこによく金盥《かなだらい》に水をはって顔を洗っている婆さんがいる。見れば声をかけているのだが、向こうは無言で睨んできて人を寄せ付けようとしない。家に帰っている様子はないからおそらく路上生活者で、肺でも患っているのか、よく咳き込んでいる。職業柄、見過ごすこともできず、会うたびに体の具合を訊くのだが、不機嫌そうな態度を取られるだけなのだという。

「神社にゃ、こんこんギツネが居る」

そんなふうにいわれ、近隣の家の親では、子供を近寄らせないように口酸っぱくいっているらしい。

——そういうことか。

悪ガキたちのいっていたキツネとは、神社に住みつく婆さんのことだったのだ。

なるほど、こんこんと咳き込むのでキツネか——ケンヤンは悪ガキたちに、弱っている婆さんを虐めるなという道徳的な話をしただけでなく、その婆さんの咳は人にうつる病からくるものかもしれないから近づくなと注意していたのだ。

昌一郎さんはハッとなった。

ケンヤンは、その婆さんに悪ガキたちの非礼を詫びるために近づいたことで、病をもらってしまったのでは——。

「そだ婆《ば》さまも、いなぐなったら、それぁそんで、さみしいもんだ」

医者の言葉に「えっ?」と声をあげる。

「いなぐなった?」

「そんだ? 神社にゃ、もう婆さまはいねぇ。死んじまったがらな」

去年の冬を越すことはできなかったのだそうだ。

神社にキツネはもう居ない?

では、子供たちの話していたキツネとはなんなのか。

ケンヤンはなにに謝りにいって、そこでなにを「もらった」のか。

その謎は解かれることなく、この薄暗い思い出を息子の信一さんに預け、昌一郎さんは四年前に亡くなられた。

問題のある物件

後藤さんが昨年まで住んでいたワンルームのアパートは家賃が二万二千円と格安なのだが、これがたいへんよくない物件であったそうだ。

まず人死にのあった物件であることは、部屋を紹介してくれたバイト先の先輩から事前に聞かされていた。五十代独身女性の突然死である。

発見がはやく、ほとんど腐敗は進んでおらず、部屋の傷みもない。その後すぐに入居者が決まったが――その人も先輩の紹介らしい――なぜか半年と経たずに退去している。理由は一身上の都合とのこと。

先輩は該当物件を扱う不動産会社の人間と付き合いがあり、後藤さんが部屋を探していると聞いて話を持ちかけたのだそうだが「なにがあっても責任はとらないよ」と言われた。

「においやシミが残っていなければ平気です」

後藤さんはそう答えたそうだ。

だが、実際は他にも問題があった。

全体的に建て付けが悪く、扉という扉の開きが悪い。玄関ドアは開閉のたびに金属を引っ掻くような音をだし、押入れの襖《ふすま》は半分ほどしか開かない。外にある鉄骨階段の途中には大きな穴があいており、よくそのことを忘れて足がはまりかけた。

家賃は安くとも、そのぶんいくつも問題を抱えた物件だったのだが、金銭的に余裕のない後藤さんにとって、それらはまったく問題のうちに入らなかった。

「僕にとっては住むところなんて、屋根と床と壁があればそれでいいんです。雨漏りせず、風呂とトイレがついていればなにもいうことはないですね」

そんな彼が、どうしても看過できぬ問題がこの部屋にはあった。

結果からいえば、それが理由で彼は引っ越しを決断している。

過酷な猛暑が続いていた夏の夜、彼にとって命にかかわる出来事があった。

扇風機が動かなくなったのである。

食費を一日五百円以内に制限せざるをえない財政難な身。家にクーラーなど設置できるはずもなく、たとえあっても電気代がおそろしくて使えない。一台の扇風機が酷暑を乗り切る命綱であった。

このままでは熱中症で死んでしまう――危機感を覚えた後藤さんは一計を案ずる。空のペットボトル数本に水を入れて冷蔵庫で冷やし、それを抱いて床に入るのだ。

当然すぐに温《ぬる》くなるので五分ごとに交換していたが、こんなことをしていてはいつまで経っても眠れない。

そのうち面倒になってきて、家にあるすべてのペットボトルに水を入れ、それらを抱きかかえながら寝たのである。

「あたたた、いたたたたた」

後藤さんは右肩が痛くなって目が覚めた。

右腕が麻痺したように感覚が鈍くなっている。ペットボトルなんかを抱いて寝たものだから変な寝方になり、腕が圧迫されて血が止まっていたのだろう。

滞った血を通わせるために右腕を曲げようとするが、

「うっ」

――動かすことができない。動かそうとした瞬間に、ぐっと手首を握られたからだ。

なにものかの手が、後藤さんの右手首を強く掴んでいた。

その手はおそらく後藤さんが寝ているあいだもずっと、彼の手首を握っていたのだ。

右腕の麻痺は、この手のせいだと思った。

後藤さんが腕を動かそうとしたので、握る手に力を込めたのだ。

冷水に浸けていたような手からは、絶対に離さないという握力を感じた。

「かんべんしてくれよ！」

大声をあげた瞬間、右手首を掴んでいた感触が消えた。

それからじわじわと、右腕に体温が戻ってきた。


「あのまま朝まで握られていたら、自分は死んでいたかもしれません。最初は、部屋で死んだ女の人かと思ったんですが……あの力強さは、きっと男ですよ。この部屋で亡くなった女の人、突然死といっていましたからね。もしかしたら、その人もあの手に――」

これが、後藤さんが引っ越しを決めた理由であるという。

おれが生きているかぎり

詩織《しおり》さんの母方の祖父は神職である。幼少の頃から、祖父は「悪いものを追いはらえる人」なのだと親や親戚から教えられてきた。

小学生の低学年くらいまで、詩織さんは原因不明の嘔吐や発熱に悩まされることが頻繁にあり、症状が出ると病院ではなく祖父のところへ連れていかれ、お祓いだけしてもらって帰るということがよくあった。不思議と帰る頃には体調も回復していたそうだ。

だから祖父という存在は「特別な力を持つすごい人」という認識だったが、高校生くらいになると、その手の超常現象的なもの全般が胡散臭《うさんくさ》く感じてしまい、「悪いものを祓える力」なんて漫画の中だけの話だと思うようになった。

だが大人たちは違った。年々、祖父への信仰が厚くなっていったという。

とくに年寄り連中の祖父への信頼は並々ならぬもので、ことあるごとに祖父のもとへ駆けこんだ。詩織さんの両親も同様で、詩織さんの進路、家庭問題、健康面、仕事面、引っ越しの相談など、自分たちの抱えるすべての問題の解決と判断を、七十を過ぎた老人のあるのかどうかもわからない力に委ねていたのである。

そのカリスマ性に、祖父を恐ろしいと感じたこともあるという。「ヤバイ宗教」の教祖なのではないか、親はマインドコントロールをされているのではないかと本気で疑ったのだそうだ。

そんな詩織さんが今では、月に二度は必ず祖父の家へ駆けこむようになっていた。

詩織さんの家から祖父宅はけっして近くはなく、交通の便も悪い。往復の交通費もばかにならない。それでも昨年だけで、三十回以上は通っている。

今年はコロナを理由に控えてはいるそうだが、日常で「変だな」と感ずることがあれば、すぐ連絡をとるように心掛けているという。これはいったいどういう風の吹き回しか。

「行けるものなら、今この瞬間にも行きたいんです。だってそうしないと、わたし多分、そろそろ食べられちゃうんで――」

就職も決まって一人暮らしをはじめた数年前のことだった。

けっしてハードワークではなかったのだが、毎日がひどく疲れていた時期があった。夜になると身体が重く感じ、強い倦怠感が出る。一時的な疲労だろうとアロママッサージやヘッドスパなどにも通ってみたのだが、疲れはとれるどころか日に日に増し、まるで少しずつ重石でも増やされているように身体が重たくなっていくように感じるのである。

鬱の兆しではないかとも考えたが、人間関係に悩んでいたわけでもなく、仕事も順調で日常には満足していた。だが、ストレスの要因となりうることが一つだけあった。睡眠を阻害されるのである。

布団に入ったのを見計らったように、ざわざわと大勢の人の声が聞こえる。起き上がると声は聞こえなくなるが、横たわると再び聞こえだす。

また、床に入ると布団の中が異様に冷たいこともあった。そういう時は毛布の枚数を増やそうが暖房を入れようが温まらず、体が芯まで冷えこんで眠れなくなるのである。

こういうことが三日から一週間に一度あった。そういう日は浅い睡眠しかとることができず、少なからず次の日の仕事に影響がでた。

このことを親に電話で相談したら、これは祖父の案件だとなった。親は詩織さんの電話を切ると、すぐ祖父の家にかけて事情を説明した。すると祖父から「詩織には悪いものが憑いている」と告げられ、次の連休中に必ず来るように伝えろといわれたらしい。

——だが、詩織さんはいかなかった。

親や親戚のように祖父の「力」にすがるのが嫌だったのだ。

そんな胡散臭い力を頼るよりも、旅にでもいって気分を晴らしたほうがよっぽど自分のためになると考え、連休は新潟へ旅行にいったのだという。

連休初日、新潟に着いて駅の改札を出た詩織さんは、

「さあ、遊ぶぞ、食べるぞ、飲むぞ！」

両拳を振り上げて大きく伸びた、その時。

なにかが肩に乗ったのがわかった。

いきなり後ろから子供に飛びつかれたような重さと衝撃であった。

思わず振り返ったほど、その重みとの密着感があったが当然なにもいない。

旅行中、その重さがずっと続き、とても観光どころではなかった。

温泉に入っても疲れは癒えず、何を食べても味気なく感じる。大好きなお酒を飲んでも酔えなかった。もう寝てしまおうと床に入ると布団の中が異様に冷たく、饐《す》えた臭いがする。

はじめて、早く祖父のところへ行きたいと思った。

だから旅先から自宅へは帰らず、その足で祖父の家へと向かった。

祖父は詩織さんの顔を見るなり、こんなことをいったそうだ。

「もう詩織が大人だからいうけどな、おまえは別に憑きやすいってわけじゃないんだ。ただ、利用されやすいってだけだ」

詩織さんに憑いているものの目的は彼女ではなく、祖父なのだという。

祖父に近い詩織さんに憑いて、彼女が祖父の元に行かざるをえない状況にしているというのである。

「おまえは俺が生きているかぎり、この先ずっと、こういうことがある。だから、おかしいと思ったらすぐに来い。あんまりそいつらを腹にため込むと中身を食われるぞ」

目的を持って寄生し、宿主を操ることでその目的を遂げさせようとする――。

「たしか、そんな寄生虫がいましたよね――だから、そろそろお祖父ちゃんに会えないと、まずいんですよね……」

そういうと詩織さんは自身の腹部のあたりを撫でた。

おかあさんとれいこん

腰痛持ちの辻野《つじの》さんは先日、スーパー内で耐えられないほどの痛みに見舞われた。

カート置き場のそばにあるベンチに座って休んでいると、兄弟だろう、同じ柄の服を着た小学生くらいの男の子二人が隣のベンチの前でふざけあっている。

父親は買い物袋をベンチに置いて、その前に立ってスマホを覗いている。自分と同い年くらいで、どこかで会っている気がする。近所の人だろうから、このスーパーで見かけていたのかもしれない。

「おかあさんとれいこん、すっごくこわくなかった?」

「しっ。その話したら来ちゃうって」

子供たちの会話が耳に入ってくる。

おかあさんとれいこん——霊魂か?　そういう変わったタイトルの本でもあるのか。

男の子たちの反応からすると「学校の怪談」みたいな怖い本だろうか。『この話を人に話せばキミの家におばけがくるよ』みたいな――。

暇なのでスマホで検索してみるが、『おかあさんとれいこん』に完全一致するものは出てこない。ためしにレンコンとベーコンでも検索したがノーヒットである。

「なんでさぁ、話しちゃダメなことをそうやって話しちゃうわけ?」

「バーカ、外ではいいんだよ。家で話すのはヤバいけど外でならいいんだって」

言い争いをはじめた男の子たちの尻をスパン、スパンと父親が蹴った。

強い蹴りではなかったが、けっして弱くもなく、子供がよろけるほどの強さである。しかも、蹴りなれた感があった。

辻野さんは驚いてしまった。この時世、親が子に暴力をふるう姿を平然と人様に見せるなんて――近所の目やバッシングを恐れない人なのだろうなと横目で見ていた。

「おまえらいい加減にしろよ。そんなことばっかいってるから、おかあさんがあれを連れてくるんだよ。いいのかよ、来ても。なあ、いいのかって聞いてんだよ、おい」

周囲の目など気にせず、父親は乱暴な言葉で息子たちを問い詰めた。

男の子たちはしゅんとして静かになり、父子らはスーパーから出ていった。

辻野さんはしばらく考え込んだ。なにが来るんだろう、と。

あの子たちの母親が連れて来るらしいが、子供たちはまるでお化けでも来るみたいな話しぶりだった。でもそれなら、お化けや幽霊といえばいいわけで、「霊魂」なんてまわりくどい言い方は普通しない。子供の口からはとくに出ない単語だ。

だがそれは、子供たちがすごくこわいと感じるもので、外で話すと父親に蹴られるほどの忌避されるべき、なにかなのだ。

とくに気になるのは、子供たちの会話のこの部分だった。

「おかあさんとれいこん、すっごくこわくなかった?」

おかあさん「と」れいこん。

おかあさんも、こわいのか。

あの家族が母親と一緒でなかったことも気になる。

もしまたスーパーで件の親子を見かけたら、今度はもっとしっかり会話に耳を傾けてみるつもりだという。

その願望

ノゾミさんの友人のマヨが飲み会に見知らぬ男性を連れてきた。

新しい彼氏かと訊くと最近ファミレスでナンパしたその店のバイトの子だという。食事にいった際、ちょっとかっこいいなと思って声をかけ、それから友達になったのだそうだ。

「ユウくん、自己紹介がてらにあの話してあげたら？」

そうマヨに促され、緊張ぎみのユウくんは訥々《とつとつ》と語りだした。

彼が「視る」きっかけとなった——かもしれない体験を。

以前まで彼は埼玉で父親と二人で暮らしていた。

暮らしているといっても寝泊まりする場所が同じ屋根の下というだけで、互いに好きなふうに生き、干渉しあうことはなく、生活費もおのおの自分で稼いで暮らしていた。彼が高校生の頃からそうだったという。

不仲というわけではなく、親だから、子だからという理由で、その立場に相手を縛らない関係を築いており、年上の友達とルームシェアをしている感覚なのだそうだ。

父親は海外によく行く人で、家を留守にすることが多い。

ある日、数週間ぶりに帰ってきたと思えば、見知らぬ女性を連れてきた。

女性のほうは彼のことを知っており、「ユウくんね。会いたかったの」とハグされた。

父親は再婚することをユウくんに伝えた。彼女はインドネシアの人で、お腹に子供もいるという。

「そこで相談なんだが、子供が生まれたら、ユウも来てくれないか?」

インドネシアに住めという話かと思ったがそうではなく、子供が生まれたら、家族、親族が揃って祝うことになっており、そこに同席してもらいたいのだという。

そういうことならとユウくんは了承した。

数ヶ月後、父親から無事に出産したという報告があり、インドネシアに呼び出された。

海外には何度か行ったことがあるがインドネシアは初であった。

再婚相手の家には彼女の家族が集まっており、そこで改めて父親から、子供が生まれると、こうして親族が集まって食卓を共にして祝うのがこの国の習わしなのだと説明された。

こうして、ユウくんは新しい家族の一員として歓待を受けた。

食卓には見たことのない料理が並び、どれからいただこうかと目移りしていると、父親が皿に取り分けてくれた。肉料理である。

「うまいぞ。よく味わって食えよ」

再婚相手とその家族はまだ料理に手をつけず、笑みを浮かべながらユウくんが食べるのを見守っている。

まさか、蛇やトカゲの肉ではないだろうなと警戒しながら、ひと切れ口に入れた。

不思議な食感がある、食べたことのないタイプの肉であった。

再婚相手が「おいしい?」と訊いてくるので頷くと、父親から衝撃の事実を聞かされる。

「ユウが今食べたのは、彼女の胎盤《たいばん》だよ」

はじめは理解が追いつかなかったが、やがて（ああ、タイバンって、あの胎盤か）と理解した。怖いとか気持ちが悪いという感覚にはならなかった。それよりも、俺は人の内臓を食べたのかと、感動にも近いものがわいてきたという。


それが起きたのは帰国して数日後の夜だった。

自宅で寝ていたユウくんは急に両肩を掴まれた。

心臓が止まるほど驚いて目を開けると、自分をのぞき込んでいる顔があった。

しわくちゃすぎて性別がわからない。光の加減かそういう顔色なのか、梅干しのような色をしているそれは、ユウくんの目に唾を吐きかけてきた。

大声をあげながら飛び起きた。

枕元にはなにもおらず、目元を触るが濡れてはいない。

ユウくんはこれを夢だとは思わなかった。思いたくなかったのだそうだ。

初めて〝本物〟を視たことに彼は感動していた。

もう一度、今度はじっくりと視てみたい。

それから数十分間、ベッドに横たわって気配をうかがいながら目を閉じていた。

すると明らかに室内の温度が変わっていくのがわかった。

ゆっくり瞼をあげる。なにも視えないが、明らかに〝いる〟ことがわかる。触れられそうなほどの強い存在感を放つ何かの気配が、部屋の中にあった。

はっきりと視たのはその夜の一度だけであったが、その後も自宅内では「子供くらいの大きさの白い靄《もや》のようなもの」や、「人の頭ほどもある酸漿《ほおずき》の実に似たもの」が横切るのを視た。自分が〝視える〟人間になったのだという確信が持てた。

笑い飛ばされる覚悟でこのことを父親に話すと、笑うどころか関心を示し、実は再婚相手の女性もそういうものをよく視る人なのだと話した。

「彼女の一部を食べたから、ユウにも視る力が備わったのかもな。でも俺はまったくなんだよなぁ。もしかしたら俺よりお前のほうが彼女とは相性がいいのかもしれないな」

嬉しそうに父親は話していたそうだ。

「ね？　すごいでしょ、ユウくん。彼と心霊スポットにいったら面白そうじゃない？」

マヨにそういわれて、ユウくんは謙遜するように両手を振った。

彼がいうには、今でも視るには視るそうだが、以前は数日に一度は視ていたのに今は

二、三ヶ月に一度くらいしか視られないらしい。いずれは視えなくなる気がすると、彼は残念そうにいった。

と、そのような奇妙な自己紹介をされてから、ひと月も経たない頃。

ノゾミさんにマヨから、たいへんめでたい報告があった。

ユウくんと正式に交際することになったとのこと。

「彼は早く子供も欲しいみたい」と結婚も近いことをにおわせていたが、ノゾミさんは少しだけ引っかかっている。

彼は、マヨの胎盤を食べたくて、子供を欲しいといっているのではないかと。

かみなり親父

地元の少年サッカーチームのコーチをされている諏訪《すおう》さんからうかがった。


私が小学生の時ですから、昭和の五十年代後半の話です。

今はとんと聞きませんけど、その頃は近所に必ず一人か二人、雷親父がいたもんです。

父親のほうじゃなくてね。そうそう。よそんちの子でも叱ってくれるお節介なオヤジね。今はもう恐くてそんなことできないでしょうけど。だってヘタしたら、その子供の親に訴えられちゃいますよ。

うちのすぐそばにも、そういう親父がいたんです。

ボロボロな家に一人で住んでいる、五十、六十くらいのおっさんです。

私は一度も怒られたことはないんですが、仲の良かった友達はみんな怒鳴《どな》られていましたね。

でもね、思い返してみると、けっこう理不尽な理由で雷を落とされていた気がするんですよ。外で遊んでいただけなのに、その家から「こらぁ」って怒鳴られて、無視して遊んでたら、ガラッて引き戸が開いて鬼の形相の親父が飛び出してくる。みんな、わあって逃げてね。たぶん、子供が嫌いってだけの人だったと思うんですよね。

今はそんな人も多いけど、昔ってもう少し大人が子供に寛容だったと思うんです。叱るにしても、ちゃんと教え諭すというかね。でも、その親父はそういうご立派な人じゃなくて、かなり変人なところがあったんじゃないかな。

だってその親父も、ラジオで野球中継なんかを大音量で聞いていて、よく「へたくそ」「ひっこめ」ってラジオに向かって大声で野次とばして、そっちのほうがうるさいんですよ。

だから私たち子供も、そこまで恐い存在だとは思っていなかったな。怒鳴られたそばから、平気で親父の家の前でボール遊びしてましたしね。「うるさい」って怒鳴られたら逃げますけど、しばらくしたら戻ってきてまた遊んでたりね。舐めていたっていうといい方は悪いですが、脅威と思っていなかったんでしょうね。まあ、おんなじ意味か。

あと、遊ぶ場所がなかったというのもあるんですよ。公園は遊具が邪魔で駆けまわれない。ボール遊びなんかをできるちょっとした広い場所がなくて、その親父の家の前が遊ぶのにちょうどいいんです。

前置き、長くなっちゃったな。

えっとね、その親父がある日、行方不明になったんです。

そう。急にいなくなっちゃった。

よく覚えてますよ。その日は雲行きが怪しくて、空が真っ暗だったんです。嵐でもくるんじゃないのってくらい真っ黒い雲が空にノベェッて広がっていてね。

なんでだったのかな……その時、私は一人遊びをしていたんです。壁に向けてボール蹴って、戻ってきたボールをまた蹴ってって。

その親父の家からは、いつものように野球中継の音が聞こえていて、例の野次も聞こえてきたんです。

そうしましたらね、ドドーンッて。

その家に雷が落ちたんです。

びっくりしましたよ。

だって、そんなの初めて見ましたからね。

カッて、あたりが真っ白く光って。瞼に残像がしばらく残るくらい強い光でした。

一瞬ですけど、光の筋が親父の家に落ちるのもはっきり見えたんです。

何秒間かはポカンとしてなにもできなかった。薬品みたいな臭いもしました。

それからパニックでしたね。大騒ぎして家に帰って母親に話したんです。

でも、変な顔をされまして。雷の音なんて聞いてないっていうんです。今日はずっと晴れてるって。

なにをいうとるんだと、すぐに確認しましたよ。雷が怖かったから、玄関のドアから顔だけひょこっと外に出してね。

これが不思議なことに、晴れてるんです。

さっきまで嵐が来る寸前ってくらい暗かったんです。なのに雲なんてどこにもない。

それはもうね、はっきり記憶に残っています。あの暗い厭な空を今でも思いだせますよ。

キツネにつままれたようなって、ああいうことなんでしょうね。

でも、幻覚や幻聴だとは思えなくてね。

親父の家にも様子を見に行ったんですが、火事にもなっていないし、なにもなかったみたいに静かなんです。

そう、静かだったんです。

野球中継の音も、うるさい野次も聞こえてこなくて、シーンとしちゃって。

その日から、親父の家はずっと静かでした。どんなに家の前で大騒ぎしても、親父は飛び出してこないし、怒鳴り声も聞こえない。みんな不思議そうでした。

誰から聞いたのかな。親か近所の人からだと思うんですが。

その家の親父が行方不明になってるって聞いたんです。

で、それっきりです。

一年とか経っても見つかったって話は聞いていませんし、私ら子供は親父のことはすぐ忘れちゃいましたね。

どこかで死んじゃってるのかもしれませんけど——。

私は今も、あの時の雷が親父を消したんだと思ってますよ。

あの瞬間に、この世から消えちゃったんじゃないかって。

ほんとうの雷親父になっちゃったって、これじゃ、ダジャレですね。

切ない響き

青原《あおはら》さんの友人の摩耶《まや》さんは周囲が心配するほどスピリチュアルに傾倒していた。

占いとつくものはなんにでも手を出し、オーラや前世といった文字がつく本を片っ端から読み漁り、暇さえあれば国内外のパワースポットや宗教的な場所を巡っていた。寸前でまわりが止めたが、ひじょうに怪しいセミナーにも参加しようとしていたそうだ。

「中身が芯まで染まると見た目も寄っていくんですね。まるで本物の占い師か、ファンタジー映画に出てくる魔女みたいでした」

命よりも大切だという腰まである黒髪をカラフルな紐で複数に束ね、それらを意味ありげな形に固定していた。また、暗黒《ダーク》系の印象にしたいのか、メークも暗い色ばかりを使い、どこから見つけてくるのか悪魔の紋章のような奇怪なデザインの装飾品を耳、首、手首から下げていた。愛用のアナスイのバッグの中にはつねにタロットカードや異国の仏具を入れており、なにか感じることがあればその場で占いや瞑想をしていた。

そんな彼女は、ついにこんなことまでいいだした。

「わたし自分の死ぬ年齢がわかっちゃった。その数字が視えたんだよね」

三十六歳だという。

この発言をしたのは、彼女が三十歳の誕生日を迎えた日であった。

彼女はなんらかの占術で六年後に自分が死ぬことを予知し、そのことをさも誇らしげに周囲に語っていたのである。

その摩耶さんが三年前に亡くなった。

旅先で不幸な事故に見舞われてしまったのである。

享年三十四。

予知通りではなかったが、彼女は自分の死期が近いことを本当に察していたのかもしれなかった。

青原さんは摩耶さんと親しかった友人数名で彼女の実家へ赴き、線香をあげさせてもらった。

通された部屋の隅には、摩耶さんの集めていたスピリチュアルグッズや書籍が未整理の状態で置かれていた。母親が娘の形見に受け取ってほしいというので、みんなで一つずつ選んでもらって帰った。


ある日の出勤前の朝だった。

くぅおぉぉんわんわんおんうおおんおんわんおんうおおおん――

青原さんの家の中で高い金属音が聞こえた。

なんの音かはすぐにわかった。

シンギングボウルである。

ネパールやチベットで使われる「おりん」のような法具で、器の縁を心棒でこすったり叩いたりし、癒しの音色を奏でる。摩耶さんの形見としてもらったものをカラーボックスに飾っていたのだが、それが勝手に鳴っているのである。

スピリチュアルな友との付き合いが長かったからだろうか。それほど驚きはなく、「ううんうん。摩耶ならこういうことするよね」と受け入れることができた。

頭の中の芯にまで届くような落ち着く音色で、目を閉じ、余韻が完全に消えるのを待ってから仕事へ行った。

四十九日――その二日前のことだという。

そして、四十九日を迎える。

この日は夜から青原さんの家に友人が集まることになっていた。摩耶さんの実家へ一緒に線香をあげに行った四人で、彼女を偲ぶ会をすることになっていたのである。

ところが夕方になって立て続けに三人から、今夜は急用ができて行けなくなったとの連絡が入った。日を改めてやることにし、この日は青原さん一人で亡き友を偲んだ。

その夜半過ぎ、シンギングボウルが再び鳴った。

だが、その音は二日前に聞いたものとは、まるで違っていた。

発情期の猫の鳴き声のように、ぞっとするほど濁っていたという。

自分の〝視た〟死期をあんなに得意げに話していたが、やはり不本意だったのだろうなとひどく切なくなったそうだ。

老犬と藁人形

静原《しずはら》さんは藁《わら》人形を作ったことがある。

誰かを呪う目的ではなく興味本位ではじめたことで、完成したらSNSに画像をあげようという程度の軽いノリであったそうだ。

必要な材料を調べてホームセンターで調達し、ネットの情報にならって作りはじめた。

作り方は難しくなかったが、飼い犬のハロがたびたび藁を齧ってはどこかに持っていこうとして邪魔をするので、作業がなかなか進まない。

「もうおじいちゃんのコーギーなんです。だから、『おっ、今日のハロは元気だなぁ』って、怒ったりはしませんでした」

ようやく完成したそれは、四肢の長さのバランスが悪く、あちこちから藁が飛び出て不格好ではあったが、ちゃんと藁人形になっていた。ただの藁束を組み合わせた人形なのに、しっかりと禍々《まがまが》しさを帯びていたのである。

自分は金と手間暇をかけて人を呪う道具を作ったのだ。爆弾でも拵《こしら》えてしまったような罪悪感があり、時間が経てば経つほど気味が悪く見えてくる。こんな画像《もの》をネットにあげて、面白がってくれる人はいるのだろうか。

なんて悪趣味なものを作ったのだろうと自省した静原さんは急きょ、画像をSNSにあげるのを止めた。

さて、こいつをどうしたものか――。

ノリで作ったはいいが持て余してしまった。気味は悪いが、すぐに処分するのももったいない気もする。そこで藁人形を紙袋につっこむと、処分する予定だった衣装ケースに入れて、そのケースを脱衣場の隅に置いておいた。


あくる日、仕事から帰宅すると、いつもは出迎えてくれるハロが来ない。

奥から、ぐううう、ぐうううと、低い唸り声が聞こえる。

ハロは脱衣場にいた。

バスルームのドアの前に伏せの姿勢で、ぐううう、ぐうううと唸っている。

衣装ケースが引き出され、前のめりに傾いている。藁人形を入れた紙袋は引っ張り出されており、紙袋は破け、くしゃくしゃの足拭きマットの上にズタボロの藁人形が転がって、あちこちに藁を散らばらせている。

結束していた針金の下から藁が抜け落ち、藁人形はだいぶ痩せほそっていた。

家の中でハロがこんなに暴れたのは初めてだった。

藁を結束する針金の切り口に血がついている。藁人形にも、まわりに散っている藁にもついていた。

脚などに怪我はない。藁人形を齧った時に針金で口内を傷つけたのだろうかと口の中も調べたが、よく見えない。傷があるのは、もっと奥のほうかもしれない。

元気がないのは怪我のせいだろうか。それとも変なものでも飲み込んだか。

老犬なので、どちらでも心配だった。

ネットで調べて遅くまでやっている獣医を近所に見つけ、車で向かった。

調べてもらうと口の中の喉付近に小さく抉《えぐ》れたような傷が見つかった。

その他に怪我はなく、異物を飲み込んでいないこともわかった。

獣医師になにを齧ったのかと問われたが、正直に話すことができなかった。

口の傷は数日でふさがったが、ハロは元気にはならなかった。それどころか、日に日に弱っていった。

ついにはエサをひと口も食べなくなったので、病院に連れていくため車に乗せようと抱きかかえると、ぐったりとして、そのまま息を引き取った。

「僕が落ち込んでいたら、ずっとそばに寄り添ってくれる、ハロは人の気持ちのわかる心の優しい犬でした。藁人形作りを邪魔してきたのは、そんなものを作るなって、叱ってくれていたのかもしれません。それであの、正直な意見を聞かせていただきたいのですが——」

静原さんはしばしいい淀んでから、こう続ける。

「ハロは寿命をまっとうしたんでしょうか？　それとも、僕が藁人形を壊して棄てちゃったから死んだんでしょうか——そうなんです。藁人形は藁を全部引っこ抜いて、ハサミで切って棄ててしまったんです。でも後でよく考えたら、ハロの血が染みこんだ藁人形じゃないですか。まさか、僕がハロを呪ったことになってしまって、それで死なせてしまったんじゃないかって……どう思いますか？」

からまれる人

某テレビ局のあるビルの二階で、夢美《ゆめみ》さんは人と待ち合わせをしていた。

十五分ほど遅れると連絡があったので退屈しのぎに二階ロビー内を散策していると、当時放映されていた人気アニメのパネルがずらりと横に並んでおり、そのうちの一つと向かい合って立つリュックを前掛けした細身の男性がいる。

このアニメのファンだろうか。

つばの広い帽子を深くかぶり、首から会社の証明証のようなものをかけ、イヤホンをし、他にもなにやらたくさんのコード類がズボンやリュックのポケットから溢れ出て垂れさがっている。また両足の靴紐がほどけており、その紐がのたくる蚯蚓《みみず》のように男性の足元に大きなSの字を描いていた。ずいぶん長い靴紐だった。

——この人、紐だらけだな。

夢美さんはクスリと笑ってしまった。

あと何分くらいかなと腕時計を見て、またパネルのほうに目を戻す。

先ほどの男性は首に黒いものを巻きつけていた。

目を離した一瞬のあいだにマフラーでも巻いたのかと思ったが、まだそんな季節でもない。よく見ると、首に巻いた黒いものには光沢《つや》がある。

それは男性から生えている髪の毛であった。

帽子の下から伸びる髪を、そのまま首に何周か巻きつけているのだ。

先ほど見た時はこんなに長髪だとは気づかなかった。

変わったことをする人だなと関心を抱きつつ、あまり好奇の目で見るのも良くないだろうと視線を外す。すると男性もアニメパネルの前から離れ、夢美さんの前を通った。

「え、どういうこと」——思わず声に出てしまった。

男性の首に巻きついていたのは髪の毛ではない。

真っ黒な太い腕だった。

男性は上に流れるエスカレーターに乗った。

その後ろ姿は、不良に絡まれて連れていかれるように見え、哀れであったという。

こんな時なのに

「もう済んだことなのでこうして話せるのですが——」

二〇〇八年に起こった未曽有の金融危機リーマンショック——その直後、菅原《すがわら》さんの経営する会社に税務署の調査が入った。調査理由は脱税疑惑があるとのこと。

寝耳に水であった。誰かに虚偽情報でも垂れこまれたか、なんにしても心当たりはまったくない。

十分に調査をしてもらって、潔白を証明すればいいだけのこと——と冷静に対応した。

会社の規模にもよるそうだが、菅原さんの会社の規模なら調査期間はだいたい一日か二日だといわれていた。しかし、このたびの調査は四日間にまでわたったという。

「こういう調査って儲かっている会社に来そうなものでしょ？　なんでうちなのか、まずそこでしたね。うちは数年前に業務の七割を他社に委託しているんで、会社そのものも縮小して、そのために小さい土地を買ってわざわざそっちに引っ越しまでしているんです。その転居先の土地も相場よりかなりの安価でしたし——こちとら小金をなんとかまわして慎ましくやってんだよって、腹が立ちましたよ」

四日目の調査最終日、その午前中のことであった。

会社の事務所内にて、社長の菅原さん、税理士、税務署員二名の四人でテーブル上の書類を確認しあっていた。いくつかの支出データ、そして会社が建つ土地の購入価格が引っ掛かっていたらしい。

書類を黙って読みこむ税務署員を前にし、疚しいことはなくとも、その重苦しい沈黙になんとも居ずまいが悪くなる。

そんなさなか、菅原さんはそれに気づいた。

分厚い摺りガラスの入ったスチール枠のドアがある。そのガラス越しに、屈んでこちらの様子をうかがっている人の姿が見えた。

扉の向こうは金庫室である。

菅原さんは「おいっ」と大声をあげて立ち上がった。

税務署員たちも税理士も何事かという顔で菅原さんを見た。

菅原さんは金庫室のドアを指さした。

その時にはもう、人の姿は見えなくなっていた。

「あ……今そこに人が――いや、すみません、見間違いみたいです」

大丈夫ですかと税務署員に訊かれ、ぎこちない笑みを返した。

高まる緊張の中で、脳が勝手に恐慌状態となって幻覚でも見せたのか。

今の行動を不審に思われてはいまいかと心配になった。

金庫室に窓はなく、唯一のドアには電子錠でロックがかかっている。菅原さんは早朝から事務所におり、金庫室にも入って中を確認していた。それから税務署員が来ての今なのだから、誰かが入り込む余地などないのだ。

だが、なぜなのか。

再び視線を向けると、そこにいる。

摺りガラス越しにぼんやりとではあるが、はっきりとわかる。

表情や性別はわからないがおそらく男性で、こちらを向いている面長な顔の輪郭もわかった。

今度は大声をあげなかった。ただ、税理士や税務署員たちの声はまったく耳に入らず、なにがそう見えているのかと努めて冷静に考えていたという。

金庫室には金庫のほかに菅原さんの描いた油絵が置かれていたが、人物画ではなく海をイメージした抽象画で、このように錯視することはまずない。他に人と見紛《みまご》うような物も室内にはなかった。

ならば、目の錯覚なのだろう。降ってわいた疑惑、いくら身に覚えがないといっても、この状況に心が乱れているに違いない。

まさか、こんな時に幽霊でもあるまい。

「ああっ、ちょ、ちょ、ちょっと、ごめんなさい――」

税務署員の一人が急に顔を押さえ、慌ただしくソファを立った。

顔を押さえる手の下から、ぽとりぽとりと血が落ちてテーブルに弾ける。

鼻血であった。

資料に血を落とさないように手で受けながら、税理士が差し出したポケットティッシュを受け取る。しかし一部の書類は半面以上が血に染まっている。

会社の土地に関する書類――その複写《コピー》であった。

「ごめんなさい、ほんとうにすいません、申しわけない」

もう一人の税務署員がティッシュでテーブルを拭いている時、菅原さんはちらっと金庫室のドアを見た。

摺りガラスの向こうに見える面長の顔が、笑っていた。


調査の結果はシロだった。

会社への疑惑は晴れたのだが、かわりに別の疑惑が菅原さんの中に生まれてしまった。

現在、会社が建っている、この土地。

その前の所有者は、自分になにかを隠しているのではないか。

知っておかなければならない、でも聞かされていない、そんな重要事項があるのではないか。

摺りガラス越しの笑みを思い返すたび、その疑念は強くなっていくという。

水遊び

二年前、二十五年続けた立ち飲み屋を閉めた秀建《しゅうけん》さんは、しばらく無気力な状態となり、なにもやる気が起きず、日がな一日、テレビを見ながら過ごしていた。

そんなある晩、コンビニのおでんをつまみながら一人で晩酌をしていると、玄関のほうからバッと音がした。

なんだろうと見にいくと、靴脱ぎ場で傘が開いている。無色透明のビニール傘で、シューズボックスに掛けてあったものだ。

閉じがあまかったかと手に取ると、ばらばらと水滴が落ちる。

そこではじめて傘が濡れていることに気づいた。

しばらく雨は降っていないので、傘は外に持ち出していない。水が出るようなものも玄関には置いていなかった。

室温の関係で閉じた傘の中に結露が起きたのだろうか――それぐらいの理由しか思いつかない。

外に出ると傘にまとわりつく水を切り、またシューズボックスに掛けておいた。

それから五分も経たず、玄関でバッと音がする。見にいくと傘が開いている。

しかも、しっかり水を切ったはずなのに、ビニールにはびっしりと水滴がついていた。


その晩、幾度も傘は勝手に開いた。

バッと音がすると晩酌を中断し、玄関へいって傘を閉じた。

そのたびに最初の時と同じ量の水滴が、ばらばらと靴脱ぎ場に落ちる。

それが五度、六度と続くと、さすがに気味が悪くなった。

傘はもう開いたままにしておき、十分に水が切れたら分別して処分しようと考えた。

一時間ほどおいてから見にいくと、開いた傘の下に驚くほどの量の水がたまっている。

しかもビニールの表面には、まだたくさんの水滴がぶつぶつと浮いていた。

不気味だった。

暗めの照明も相まって、玄関がひどく陰気である。三百円そこらのビニール傘なのに、禍々しいものに見えた。今どうこうする気にもならず、傘の処分もたまった水の処理も明日の自分に任せ、この日はなにが起きても放っておくことにした。

――ところが、そうはさせてもらえなかった。

横になってテレビを見ていると、今度は玄関のほうから水を踏むような音がしだした。はじめは無視をしていたが、音が止む気配はない。黙っていれば五分でも十分でも鳴り続けている。

「おい、さっきからなんなんだ。だれかいるのか?」

無性に腹が立ってきた秀建さんは、今から傘を処分してやろうと玄関へ向かった。

だが、途中で立ち止まる。そこから先に進めなかった。

玄関の陰気な照明の中、ビニール傘は石突きと呼ばれる先端部分を秀建さんのほうに向けて開いていた。

そのビニール越しに、子供の足のようなものが二本、うっすらと見えたのだ。

そしてそれは、あたかも水たまりを踏んで遊んでいるかのように二度、三度と交互に動いてから、消えた。

その傘は近所の総合病院にいった時に、自分の傘と間違えて持ち帰ったものであった。

このことがあった翌日に処分したそうだが、それ以来、玄関のあたりから水たまりを踏みちらすような音がよく聞こえてきたという。

ここ最近は聞いていないそうだが、かわりに、あからさまな気配を感じることがあり、そのタイミングでブレーカーが落ちたこともあった。

「そろそろ水遊びに飽きてきて、俺にちょっかいをかけだしたのかもしれないな」

秀建さんは苦笑いしながらそういった。

声が聞こえない

琴美《ことみ》さんは金縛りに遭った時「どちらなのか」がわかる。疲労による筋肉の硬直なのか、あるいはそれ以外か。それ以外とはつまり、本書に扱われるような現象である。

なぜか三年ほど前から、後者のほうに見舞われることが多くなったという。週に一度はなるのでいいかげん慣れてはきたというが、まれに〝特殊〟なものが来ることもあり、その時だけは戦々恐々とするそうだ。

琴美さんの場合、眠りについて五分、十分ほどで金縛りになることが常だそうだが、〝特殊〟なほうは布団に入ったその瞬間から起こる。

まず、肩や足が重くてだるくなる。続いて足もとから布団を捲られていくように、つま先から徐々に冷えていく。この時、もう体は動かなくなっている。

「そもそも金縛りって半覚醒状態の時になるものでしょう？　私の場合、睡眠状態に入る前――覚醒時に起きているわけで、これって金縛りって呼んでもいいんでしょうか」

硬直状態がしばらく続くと、やがて複数の男女が談笑する声が聞こえだす。

その声を聞いていると、不思議なことに琴美さんは小学生の頃の自分に戻っている感覚になる。どの時かも限定されており、冬休みに岩手にある父親の実家へいった時の、親戚たちの集まる初日の夜――親や親戚たちが歓談する中、隣の部屋で寝付けずにその声を聞いているという状況の自分なのだという。

次第に聞こえてくる声の中から、「この声は○○叔父さんだ」「これは○○のおばあちゃんだ」と、知っている声を聞き分けられるようになる。そうなりだしてから十分二十分でこの現象は終わり、気がつくと現在の自分に戻っている。

その数日後、実家に親戚の訃報が届く。

このようなことが、これまでに六度もあった。

「亡くなっているのは、声を聞きとれたという親戚の方なんでしょうか」

そう私が問うと、琴美さんは「その逆です」と答えた。

あの歓談の場にいたはずなのに、声がまったく聞こえなかった親戚が亡くなっているという。

声を聞いている時は、誰の声が聞こえてこないかなど気づかない。だから亡くなる人を事前に知るということはなく、訃報が届いてから、そういえば――となるのだそうだ。

「亡くなっているのはみんな高齢で、私も今年で四十ですから、年齢的にそういう報せの多くなる時期ではあるんですが、偶然ではないと思うんですよね」

歓談する声の数が、確実に減ってきているのだという。

今恐れているのは、あの声の中から両親の声が聞こえなくなることだそうだ。

失せもの

以前、このシリーズの担当をされている編集者から、オフィス付近にあるビルから人が飛び降りたらしいが、血痕だけを残して消えてしまったという、たいへん興味深い話を聞かせていただいた。

事と次第によっては怪談として書かせていただこうと考えていたのだが、その後どうなったのかを聞きそびれ、そのまま数年が経過してしまった。

そして昨年、久しぶりにお会いした時にその話について訊ねるが、あれから情報がなく、どうなったのかはわからないという。おそらく飛び降りた人は見つかっていないいまなのではないかと――。

今になってこのようなことを書くのも、このような話を聞いたからである。

菅家《すがや》さんのご自宅では、よく物がなくなる。

どこかにしまい込んでいた物が見つからなくなるのではなく、たった今使っていたハサミやペンが、ちょっと目を離したすきになくなるのである。

永遠に見つからないわけでなく最終的にはちゃんと見つかるのだが、出てくるのは数時間後かもしれないし、翌日かもしれない。ひどいと思い出せないほど前に紛失した物が、ひょっこり出てくる時もある。使ってから元の位置に戻すという意識を持っていても、気づくと目の前から消えてなくなっているので、そんな自分に嫌気がさしているそうだ。

これには私も大いに共感した。

「わかります、わかります。忘れた頃に出てくるんですよね？　必要がなくなってから出てきても意味がないし、あれは本当にうんざりしますよね」

「ええ、ほんとに――でもまだペンやハサミならいいんです。これが困ったことに、生き物もなんですよね」

逃げ出してしまうということですかと問うと、

「いえ、物と同じです。パッといなくなっちゃうんです」

一人暮らしをはじめた頃に寂しくてハムスターやインコを飼ったのだそうだが、どちらもケージの中から忽然《こつぜん》と姿を消してしまったのだという。消える直前までケージの中にいて餌を食べているところをしっかりと見ていたのだそうだ。

「えっと――それでどうなったんですか？　まさか、見つからないまま？」

「いえいえ、黒さんもおっしゃったじゃないですか。なくなったものは忘れた頃に出てくるんです」

台所のゴミ箱の裏から平たくなったハムスターが。洋間のカーペットの下から、やはりぺたんこの状態でインコが見つかったという。

そんなことがあってから、どんなに寂しくともペットを飼おうとは一度たりとも考えなかったそうだ。

最後に菅家さんは笑いながらこう付け加えた。

「そのうち私も消えるかもしれませんよね」

ビルから飛び降り、そのまま消えてしまった人も忘れた頃に出てくるのだろうか。

タンブルウィード

城田《しろた》さんは毎年、友人と二人でフリーマーケットにいっている。

開催場所は地元の隣の市で、近くに電車は通っていないのでバスで三十分ほどかけて移動する。

この日はバスに乗った時から、少し変だなと思っていたという。

毎年、フリーマーケット目的とおぼしき客がそれなりに乗っているのだが、この時の乗客は自分たち二人だけであった。このイベントは掘り出し物を巡っての熾烈《しれつ》な奪い合いなのでライバルが少ないに越したことはないが、どうも気になった。

バスを降りてから、違和感はさらに強まった。

収穫を得てほくほく顔でバス停方面に向かってくる人たちを見るのもこのイベントの醍醐味の一つなのだが、会場周辺にひと気がなく、ひっそりとしている。

理由は会場に着いてすぐにわかった。

フリーマーケットは開催されていなかった。

昨年は会場である芝生の広場に見渡す限りのお宝と人が集まっていたが、今は冷たい秋風が吹き捲いているだけだった。

近くにある休館中の展示施設のそばにガラス張りの掲示板があり、その中にマーケットのチラシが貼られている。それを見た城田さんたちは呆気にとられた。

開催日は一週間先であった。

城田さんと友人、どちらも日付を勘違いしていたのである。

そんなことがあるのかと信じられずに何度もチラシを確認するが間違いはなく、なにより純然たる現実が目の前に広がっている。

「どうする?」

せっかくきたのに、このままただ帰るのもどうかとなった。

しかし、付近には喫茶店もファミレスもない。まわりにはだだっぴろい芝生があるだけで、ベンチのような親切なものもない。しかも、二日前の雨の名残で芝生は冷たく湿っており、座って休むこともできない。

途方に暮れて、とぼとぼとバス停に向かっていると――。

「あれなんだろうな」

友人が気づいて指をさす。

芝生の広場の中をころころと転がるものがある。

「なんだろ。西部劇とかで見るやつに似てるな」

風に吹かれて荒野を転がるタンブルウィードという球状の植物だ。

あれは枯れたような黄色であるが、芝生を転がるのは黒くてサイズも小さい。

城田さんは厭な想像をしてしまった。

「なんか人の首が転がっているみたいだな」

友人も城田さんと同じ印象を抱いたようだった。

西部劇で見るほうは風に転がされるくらい軽いものだが、自分たちの見ているものはそれなりの重さがあるのか、芝には転がった跡ができている。また、不自然な軌跡を描いており、まるで自らの意思で動いているように見えた。

この不思議な光景に引きつけられるように、城田さんたちは転がる黒い物体に近づいていく。

すると近づいていることがわかったかのように、それは大きくカーブして軌道を変える。

なんだろう、これは。

面白くなってきて、城田さんも友人も最初はゆっくり歩いて近づいていたが、気がつくと早歩きでそれを追いかけていた。

芝生の周辺には腰ほどの高さの低木がこんもりと茂っており、黒い物体はその中へと転がりながら入っていった。その入っていき方が、茂みに溶け込んで消えたように見えたので、城田さんは不審に思って立ち止まった。

友人は気にならなかったのか、城田さんが立ち止まったことにも気づかず、そのまま追いかけていく。そして芝生に両手両膝をついて四つん這いになると、黒い物体が入り込んだあたりの茂みに頭から入っていこうとする。

「よせって、虫がくっついてくるぞ」

引きとめるのも聞かず、友人は低木の茂みに半身をどんどん潜り込ませていく。

「おっ、おおおお」

そんな声をあげて茂みから半身を引き抜いた友人の手には、ワカメのようなものが絡まっていた。

それは大量の髪の毛であった。

「うわっ、なんだよそれ、気持ち悪いもの見つけてくるなよな」

「はあ？　なにいってんだ、お前も追いかけてたくせに」

友人がいうには、それは先ほど転がっていた黒い玉なのだという。掴んだらこんなことになったが、けっして乱暴に触ってはいないし、触る直前まではちゃんときれいな丸い形を保っていたんだなどと珍妙な弁明をはじめた。

なんにしても気味が悪かった。どんな理由があって、こんな量の髪の毛が玉になってあんな場所を転がっていたのか。

城田さんは、もう帰りたくなった。

「なんか今日は変だな。もう帰ろうぜ。それも捨てろよ、気色悪い。なんかさっきからドブ臭いの、それだろ」

ああうんと生返事をするばかりで捨てようとしない友人に苛立《いらだ》った城田さんは、先に立ってバス停のほうへと歩いていった。

「おい。まってくれよ。ごめんごめん、わかったから、ごめんって」

友人の謝る声と草を踏む音が後ろから追いついてくる。

「ったく、ちゃんと捨て――」

振り向いた城田さんは反射的にその場から逃げだした。

女の生首を左手に下げた友人が、それをまるで釣った魚でも自慢するように前に突き出しながら走ってきたからだ。

城田さんは走りながら、そんな馬鹿なことがあるものかと自分の見たものを頭の中で否定した。パニックになるな。ちゃんとよく見てみろ。あれは髪の毛を掴む友人の手が人の顔に見えただけなのだ、と。

「まってぇぇ、まってよぉぉ、とれないんだよおぉぉぉ」

泣きそうな声で友人は城田さんを呼び止めてくる。

足を止めて振り返ると、少し離れたところで友人は手に絡みついた大量の髪を取ろうと必死になっていた。どうしたらそうなるのか、彼の指の一本一本に髪の毛が複雑に絡まっており、捨てたくても捨てられずに彼はパニックになっていたらしい。

ぶちぶちと引きちぎって指に巻き付いていた髪の毛をすべて取りさると、友人は脱力したようになっていた。よほど慌てて取ろうとしたのか、彼の手は引っ掻き傷だらけだった。

帰りのバスの車中、前の座席に座った友人は、血の止まらない左手の生傷のにおいを嗅ぎながら、何度も首を傾げていた。

誰と誰に

今年の元旦に帰省したマミさんは、久しぶりに自分の部屋で寝た。

子供の頃から闇に対する恐怖心が強く、完全に暗くされた部屋では眠れない。かといって明るすぎても眠ることはできないので、ドアを開けたままにし、そこから廊下の明かりをいれて室内の暗さを緩和していた。

子供の頃はこれでなんとかなったが、久しぶりに使う部屋だからなのか、どうも落ち着かない。部屋に差しこむ廊下の緩い明かりが闇を中途半端に溶かし、その薄闇の中に顔や人の形を幻視してしまいそうで余計に怖くなった。

早く寝てしまえばいいのだと瞼を閉じた。

なかなか寝つけぬまま何分ほど経ったのか、部屋が暗くなったのが瞼越しにわかった。

部屋の前の廊下を家族が通って明かりが遮られたのだと思った。

だが、明かりは遮られたままだった。

違う。

自分の顔の上に何かがあり、それが光を遮っているのだ。

視線を感じる。気配もある。

寝ている自分を誰かが覗き込んでいるらしい。

しかもそれは一人ではない。左右両側と自分の頭側の三方から——三つの顔が覗き込んでいる。両親がそのようなことをするわけもなく、もしそうだとしても一つ多い。

それらは輪郭も曖昧な三つの「翳《かげ》り」なのだが、観察しているかのようなじっとりとした視線をマミさんに送りつけてきた。

——なにもいるわけがない。きっと物の影だ。そうだ、目を開ければいい。目を閉じているから怖い想像をしてしまうのだ。

マミさんは意を決し、目を開けた。

「うっ」

三つの顔がしっかりとマミさんを覗き込んでいた。

それらは三方から視界に入りこむ真っ黒な三つの影だったが、彼女の顔を穴があくほど見つめているのがわかる。

目を閉じるのも怖い。閉じた瞬間になにかをされそうな気がする。

この中の一つとでも目が合えば、自分はどうにかなってしまうかもしれない。

覗き込む顔に遮られていない視界の中心に焦点を細く合わせ、その一点のみをじっと見つめながら心の中で強く願った。

どこかにいってください、どこかにいってください、ここ以外のどこか遠いところにいってください——。


一向に消える様子はなく、見えている光景も一ミリも変わらない。だが、我が身への危険は刻一刻と迫っている予感があった。

追い込まれていったマミさんは、とっさに心の中でこう叫んだ。

——わたしじゃなくて、ユリエとカナとミサのところにいって！

学生時代の友人二人と、現在二児の母親である実の妹の名である。

すると耳元で「わかった」と男の声がし、右左の顔の影が同時に視界から消えた。

まだ、一つ残っている。

どうして、この顔は去ってくれないのだろう。

おそるおそる、その影に焦点を合わせていく。

「――はあ?」

マミさんは起き上がった。

残った影の正体は顔ではなく、壁に掛けてあった自分のコートであった。袖口や襟《えり》まわりに毛皮《ファー》がついており、それが視界に入って人の頭に見えたのだ。

だが、安堵などできなかった。むしろ、ぞっとした。

あの時、三つとも消えてくれたなら、すべてを錯覚や夢だと思えたかもしれない。しかし、影の一つが現実のものとわかった今、他の二つの影もあの場に存在していたと考えられる。

あの二つこそ本物の顔だった――だから、「いって」と願ったら、「わかった」といって、左右の影はすぐに消えたのだ。

マミさんは頭を抱え込む。なに一つ恨みなどないのに、なぜあの時、とっさに三人の名前が出たのか。無意識に薄暗い感情でも抱いていたのかと自分が空恐ろしくなる。

追い込まれていたとはいえ、よくわからないものに友達と妹を売ったのだ。

名をいった三人のうち、二つの顔は、誰と誰のもとへ行ったのか。

不安は日に日に膨らみ、それは今もまだ継続している。

最近、二人の友人と妹からしきりに「会わないか」と連絡が来るそうだが、コロナを理由に断り続けているそうだ。

闘うもの

コウジさんは知人女性から喫茶店に呼び出され、このような相談を受けた。

「日に日におかしくなっていくんだよね。どうしたらいいかな……」

おかしい、おかしいと以前から聞いてはいたが、隣の住人の立てる騒音の異常さがいよいよもって極まってきたのだという。

はじめは壁を小突くような音だったが、それは手で叩くような音へと変わり、やがて蹴るような音になって、今は部屋が振動するほどの轟音がした後、ベランダから高らかな歌声が聞こえてくる。おそらく、知人女性の部屋側の壁に体当たりをしているのである。

アパートの管理会社に何度か相談はしているが、なにかしら働きかけてはくれたようだが、聞こえる時間帯が少し変わったくらいで、さして大きな変化はない。

鉄骨造で壁も厚く防音面もしっかりしているからと選んだ物件なのに、これでは意味がないと知人女性は嘆いた。

「隣がどんな危険な人かもわからないし、苦情ばかりいって逆恨みされるのも恐いでしょ？　引っ越すのも今の状況じゃ無理だし、できることってもう我慢するくらいしかないんだけど、それも限界がきちゃってる感じなのよね……」

今すぐ転居を勧めたい心配な案件だが、彼女にも彼女の事情がある。なんとか力になれないものかと考えていると、知人女性は「おねがい」と拝むように手を合わせた。

現状を知ってもらいたいから、今からアパートに来てもらえないかという。


洋風な佇まいのアパートは外装が明るい水色で、入り口付近に小学生が集まってカードバトルをしている。目の前は養護老人ホームで、その裏には保育園。ここだけ見ると、トラブルを抱えているような雰囲気はまったくなかった。

しかし、コウジさんが知人女性の部屋に入って靴を脱いでいると、壁から、どおん、と音がした。壁が壊れそうなほどの振動だった。

その数秒後、今度はベランダのほうから男性の大きな歌声が聞こえてきた。

ひと昔前のヒットソングである。

「これが、毎日？」

頷く知人女性に、よく耐えられたものだとその我慢強さに感心したが、これは黙っているべきことではない。管理会社にもう一度しっかりと苦情を入れるべきだと話していると、また、どおん、と部屋が揺れる。

コウジさんは頭に血がのぼり、ひと言文句を言ってやろうと玄関を飛び出した。

すると、ほぼ同時に隣のドアも開いた。

隣の住人と目が合う。

無気力そうな若い男性だった。

わずかに開けたドアの隙間から顔だけを覗かせ、コウジさんをじっと見ている。戸口の陰に隠れている手に包丁でも握っていたらと考えたら、昇った血が引いていった。

数秒の沈黙があり、はじめに口を開いたのは隣人だった。

「今、うちにこようとしてました？」

「……はい。ちょっと音がすごいんで。なにかされてるんですか？」

「以前にもお話ししたんですが——ぼく、見えないものと闘っておりまして」

「はあ」

ふざけているのか、あるいは変人を装っているのかと疑ったが、目つきを見ると本気であることが伝わってくる。

それから隣人は二十分ほどかけて、自分が置かれている状況をコウジさんに説明した。見た目の印象はどこにでもいるようなごく普通の青年で、とても奇行を繰り返している変人には思えなかった。ただ、話していることはやはり、まともではない。およそ次のような内容であった。

自分は日々「なにか」から逃げていて、部屋の中のあちこちを走って移動する。壁の音に心当たりはないが、もしかしたら逃げている時に壁にぶつかっているのかもしれない。歌うのは自分の精神を「なにか」から守るための行為なのだが、効果はそれほどないようなので明日からは止める。隣の人に迷惑をかけていた自覚はあり、それについては深く詫びるが、これからも自分は「なにか」から逃げる続けることになるので、今後もご迷惑をおかけするかもしれないがどうかお許しいただきたい——とのことだった。

話にならない。コウジさんは厳しい口調で承服しかねると伝えた。そして、すぐに行動を改めるか、引っ越してほしいと要求し、今後次第では出るところに出ると警告した。

隣人は「そっか」と残念そうにいうと、ドスを利かせた声でこういってきた。

「そうなったらすぐ、おまえんちにいくからな。覚悟しとけよ」

コウジさんは知人女性に、隣は「本物」だと話し、親に金を借りるなりして明日にでも転居すべきであると強く説得した。その時は知人女性も頷いていたが、色々ままならぬようで、引っ越すという報せはなかなか来ない。

二ヶ月ほど経ち、そろそろ連絡してみようと思った頃、知人女性から朗報が届いた。

問題の隣人が引っ越していったのだという。

彼女は電話口で泣きながら感謝の言葉を伝えてきた。

「コウジくんがビシッといってくれたからだよ。今は平和な生活が送れてるよ。ありがとう」

しかしながら、それは束の間の平和であった。

幾日も経たず、彼女から再び喫茶店に呼び出された。

「また、隣の部屋からね……」

壁を破らんばかりの音がするという。しかも、以前よりもひどくなったと。

その件は隣人の転居で解決したはずではないかと問うと、本人もわけがわからないと泣き出してしまった。

隣の部屋は空き室なのだそうだ。

コウジさんは言葉が出なかった。つまり、あの壁に体当たりするような音は、隣の住人が立てていたわけではなかった、ということになるのか。

あの時の彼の発言も、妄言や幻覚・幻聴の話ではなく――真実を語っていたのか。

「そうなったらすぐ、おまえんちにいくからな。覚悟しとけよ」

この言葉は脅迫ではなく、自分がいなくなれば「なにか」はそっちの家に行くから覚悟をしておけよという警告だったのだ。

隣の住人が闘っていた「なにか」は遠くない未来、本当に壁を破って彼女の部屋に来る可能性が出てきた。

もし、そのようなことになれば彼女も隣人のように闘わざるをえなくなり、ベランダで大声をあげて歌うことになるかもしれない――と、半ば、脅かすように転居をすすめると、知人女性は渋々ながらも頷き、翌々月に水色のアパートを出ていった。

島に居らば

夕子さんは不登校であった。中学には二日しか行っていないという。

理由は「みんなが怖いから」である。

当時、夕子さんの住んでいた地域は学校に通う子供の自殺が多かった。とくに中高生。夕子さんの知る限りで、いじめ、進路の悩み、家族・交友関係の悩み——そのような自殺理由があったという話をほとんど聞かない。兆候はまったくなく、遺書を残すケースも数えるほどで、自死を選んだ子供の多くが動機不明であった。

げらげらと友達とふざけあっていた数時間後に校舎の屋上から降ってくるといったことが、多い時では月に一度のペースで起きていたのである。

急に授業中に教室を出ていったかと思うと教室の窓から転落の瞬間を見せられるとか、わざわざ全校集会の日を選んで生徒たちの目の前に転落してくるなど、そのやり方も常軌を逸していたそうだ。

だが、夕子さんが怖いといっている「みんな」とは、学校にかぎった話ではなかった。家族、近隣住人、街の人たち——その「島」の住民すべてである。

本稿では此処をG島とした。一部、センシティブな問題にも触れるため、イニシャルも変えていることを明記しておく。


「なにが怖いのか、とてもひと言では説明できません。みんな、どこかが歪んでいるんです。子供が自分の誕生日に自殺したり、おじいさんが大事に飼っている犬を急に潰しちゃったり、自分の家の敷地に間違って入った子供を死んじゃうくらい殴ったり——。どれもね、理由はわからないんです。理由がないわけじゃないんでしょうけど、みんななにか隠している感じで、それでも普段は普通の人なんですよ。昔は流刑地だったからねぇ、なんていう人もいるけど、わたしはそんなことが理由だとは思いません」

G島は人口が少なく、外から新たに入ってくることがほぼないが、ただ減ることもなく、一定数を保っている。島から出る者も当然いるにはいるのだが、なんらかの大きな失敗や重大な問題を起こすなど、帰島せざるをえなくなって戻ってくる。だから人口の数字があまり変わらない。

そのように人が少なく、入れ替わりもほとんどないので、いとこ同士で結婚するケースが多い。そのような近親婚が繰り返される結果、血が濃くなっていく。

「夕子、ぜったいにこの島の男と一緒になるなよ。子を作るなんてもってのほかだ。相手は島の外で見つけて、島の外で暮らして、島にはもう帰ってくるな。せめて俺たち家族は、まともでい続けような」

そういっていた夕子さんの兄は、十年ほど前に島の女性とのあいだに子ができて結婚した。

式なども挙げず、どんな女性と一緒になったのかも夕子さんは知らなかった。生まれたのは娘だと聞くが、家族に見せに来たことが一度もない。

三年前、久しぶりに実家に顔を見せた時も、来たのは兄一人で、びっくりするほど痩せていた。

マリンスポーツが趣味で日焼けした笑顔が素敵だった兄は、臓器を悪くしているような病的な顔の黒さで、目の色も病的に濁っていた。

「あいつはいかれてるんだよ。俺はもううんざりだ」

久しぶりに顔を合わした家族に兄がのべつ幕なしに語ったのは嫁の愚痴であった。

とくにひどかったのは――兄たちは祖父が昔に建てた一軒家に住んでいたのだが、嫁が突然、「ここには気味の悪いお婆さんがいて、娘を食おうとしている。こんな家に住みたくない」と娘を連れて出ていこうとした、という話であった。そのため、兄は家賃十万のマンションに引っ越したのだそうだが、G島で十万の家賃はおそらくトップクラスのマンションである。

この報告を最後に、兄は実家に戻ってこなくなった。

だがたまに、夕子さんにだけ連絡が来た。

その用件は、「十万円を貸してほしい」だった。

理由は教えてくれないが、金額から見て家賃の支払いだろうと思った。だが兄は郵便局に勤務しており、役職にもついているので、年収六百万近くはあるはず。たとえ家賃が高くとも島の物価は安いので、十分に暮らせていけるはずであった。

不審に思い、訊いたことがあった。

「貸すのはいいけど、なんでそんなにお金がいるの?」

「それはさ、訊かないでくれよ」

「どうして？　なんかこわいよ。教えてくれないともう、お金は貸せないよ」

「まだ婆さんがいるんだよ」

そう怒鳴られ、電話を切られてしまった。

嫁のいっていた、祖父の家にいたという婆さんのことをいっているのか。

祖父の建てた家にそれが居るのが厭だからと引っ越したのに、どういうわけなのだろう。

この一件以来、兄は連絡をしてこなくなった。


絶望的になった。

島の中で唯一の理解者と思っていた兄までが、島のせいでおかしくなってしまった。

このまま島にい続けたら、いつか自分もおかしくなるのかと怖くなった。

母親に相談をすると「その島が嫌なら逃げてきなさい」といわれた。

父親はG島生まれで一度も島を離れたことがないが、母親は島根出身であり、数年前に生まれ故郷で出した飲食店が成功し、単身赴任中だった。夕子さんは島根で一緒に暮らそうと誘われたのである。

その救いの手にすがった夕子さんは、すぐにG島を出ると島根で母親と暮らした。

しかし、それからひと月も経たず、夕子さんはG島に呼び戻された。

父方の祖父が亡くなったのである。

母親は行けないとのことなので夕子さんが一人で帰島した。何度も途中で島根に引き返したくなった。兄と会うのが怖かったのだ。

父親は少し前に入院しているので、喪主を務めるのは兄である。

だが、兄は日が暮れても実家に現れず、連絡も取れない。

急きょ、夕子さんが喪主を務めることになった。

そして兄は、最後まで葬儀には姿を見せなかった。

明日、島根に戻るという前夜。

夕子さんは親戚の小学生の女の子二人と三人で、居間で川の字に布団を敷いて寝ていた。

ふいに目が覚めた。

なぜ目が覚めたんだろうかと考えたが、すぐにわかった。

頭を向けているほうから、なにかが近づく感じがある。

目が覚めたのは、〝この〟せいだとわかった。

夕子さんは天井を見ながら様子をうかがった。

それは歩み寄ってくるのではなく、もう夕子さんの枕元に座っていて、ゆっくりと顔を近づけようとしている——という光景が見えていなくとも感覚でわかる。

わりと冷静に、ああ、祖父だろうなと思った。

兄が来なかったことに怒っているのだ。でもそれなら兄にいうべきだ。

「わたしのせいじゃないから」

思わず、口から出てしまった。

すると頭のほうから、さっと素早く顔が現れ、夕子さんを覗き込んだ。

——だれ？

祖父ではない。見知らぬ和装の老婆である。

珠暖簾《すだれ》のように垂れさがる髪が夕子さんの顔を撫でる。皮膚のたるんだ首を、ぐうううっと伸ばし、夕子さんの臍《へそ》のあたりを見ようとするように前のめりになっていく。

老婆の胸元で斜めに重なる着物の襟が目の前を通過する。このまま、どこまでいくのかと見ていると、両側で寝ていた親戚の子の一人が寝返りを打ち、その腕が夕子さんの腹にどすっと乗った。

老婆は消えていた。

兄とは今も連絡が取れていない。

次に会えるのはきっと父親の葬儀の時か。

あるいは兄の葬儀の時ではないかと思っているという。

それまでG島に帰る予定は今のところないそうだ。

湖畔の森の女

百合乃《ゆりの》さんは学生時代、山中の湖畔にある叔父の別邸によく行っていた。茂りあう樹林がすぐそばまで迫る、素晴らしい景観だがどこか寂しい雰囲気のある場所だったという。

従姉《いとこ》が趣味でバギーに乗っており、百合乃さんはよく後ろに乗せてもらっていた。道らしい道のない悪路を走破するのが醍醐味《だいごみ》らしく、そのような場所を選んで山の奥へ奥へと入っていくので、普段は見られないものばかりが見られて面白かった。

たまに奥まで行きすぎて迷うこともあった。道がないので方向感覚を見失うと簡単に戻ることができなくなる。だが、ひどい難所はないので湖への転落さえ気をつければ危険はなく、また走っているうちに従姉は急に方向感覚を取り戻すので大事に至ることはない。

しかし、そうでない日もあった。

ある晩秋の週末。

別荘を出てから五分もしないないうちに、運転中の従姉が「ここどこ？」と困惑の声をあげた。

百合乃さんは乗せてもらうだけで道は覚えていなかったが、そこが初めてきた場所だというのはわかった。周囲の木の形状が記憶にないものばかりだったからだ。

別邸周辺など巡り尽くしたと思っていたので、未踏の場所があったことに驚くが、山ではありうることだろうと、この時の百合乃さんは落ち着いていたという。

バギーを降りてタイヤ痕を辿りながらもと来た道に戻ろうとするが、従姉の方向感覚は一向に戻らない。つねに楽観的で「大丈夫、大丈夫」と笑っていた従姉が、今まで見せたことがないくらいの深刻な表情になっていた。

「あっ」

百合乃さんは茂みの奥に白いものを見た。

女性である。

山中は日蔭が多く肌寒かったが、女性は肩が出た白い服を着ている。

従姉もその女性のことを見ていた。声でもかけるのかと思ったが、ただじっと見るだけで動こうとしない。あんな格好で歩いているのだから、きっと地元の人なのだ。

「ねえ、あの人に道を訊いてみようよ」

従姉はすぐさま百合乃さんの口を塞いだ。その勢いが強すぎて、殴られたような衝撃があり、口の中に血の味が広がった。

頭をぐっと押され、無理やり屈みこまされる。バギーの陰に隠れたのだ。

「静かにして。まだ気づかれてないから」

従姉の声が震えていた。

あの人は従姉にとって、今会うと都合の悪い人らしい。だからといって、なぜ自分がこんな痛い目にあわなければならないのか。怒りがわいてきて、口を押さえつける従姉の手を両手で引き剥がしながら「痛いってば！」と声をあげた。

すると、従姉は慌ててバギーにまたがると百合乃さんに「乗って！」と叫ぶ。

ただごとではない様子なので素直に従った。

従姉の腰に手を回す間もなく発進したので背中から地面に落ちてしまい、すぐ腕を掴まれて引き起こされ、今度こそしっかり腰に手を回した後にバギーは発進した。

ふり返ると、先ほどの女性がかなり近いところにいたので驚いた。

女性は顔が小さかった。

小顔なんてものではない。リンゴくらいのサイズに目や鼻や口がギュッと詰め込まれている。それが異常に小さい頭なのか、首だけ遠くにあって小さく見えるのか、そんな遠近感を狂わされる姿をしていた。

百合乃さんは怖くてたまらず、「早くいって！」と従姉の背中を叩いて急《せ》かした。


低木の枝に引っ掻かれ、段差の衝撃に尻を痛めながら三十分ほど樹林の中を迷い、なんとか叔父の別邸に帰ることができた。

従姉は寒いといって毛布を掻き抱き、気味の悪いおばけのようなものを見たのだと顔色を白くさせながら叔父たちに話していた。

従姉は「ゾンビみたいなぼろぼろの女の人がいた」というが、百合乃さんの印象とは違う。首から上はどうなっているのかわからないが、ぼろぼろということはなく、肌なり服なりがとにかく白かったという印象だった。

「ついに見ちゃったか」

叔父は困ったような笑みを浮かべ、かつてこの付近は航空機の墜落事故があり、大勢の人が亡くなっているのだと話した。事故の犠牲者の姿を見たのだろうという。

それを聞いて従姉と二人、震え上がったという。

この話の取材後、私はその航空機事故についてネットで調べてみた。

しかしながら、地名、湖名で調べても叔父の話に該当する「大勢の方が亡くなった航空機事故」らしき記事が出てこない。

付近で小型機に乗った老夫婦が亡くなる事故は起きていたが、大規模な事故の記事は可能な限り年代を遡ってみたのだが見つけられなかった。

この小型機の事故を、叔父は別の航空機事故として誤って記憶していたのか、あるいは百合乃さんの記憶の中で情報が経年変化したがために齟齬《そご》が生じているのであろうか。

後日、百合乃さんから「あの話に続きがあったんです」と、たいへんありがたいご連絡を頂いた。

先の取材の後、百合乃さんは従姉に本稿の掲載許可をとってくださった。その際、百合乃さんとの体験の後にも奇妙なことがあったのだと、従姉が次のような話をしてくれたという。

ある年の夏、親から車を借りて、大学時代の友達四人と別邸へ遊びにいった。昼頃に到着し、まずはみんなを連れて山中を散策することにした。

従姉はふと思い出し、「この近くで従妹と二人で幽霊を見た」とみんなに話して聞かせた。すると思いのほか盛り上がって、今からその場所へ肝試しに行こうという話になった。

だが、あの場所へは迷い込んで入ったのであって、しかも、もう何年も前のこと、同じ場所へは行くことができない。だから、ちょっと雰囲気のあるような場所へみんなを案内しつつ、百合乃さんとの体験の詳細をみんなに語り聞かせていた。

「ねえ、こんな場所でそんな話して大丈夫？　幽霊が聞いてない？」

友達が心配そうに訊いてくる。

さすがにもう、あんな目には遭わないだろうと従姉は思っていた。あの日に見たのは幽霊などではなく、このあたりの別荘に遊びに来ていた人を見誤ったのだと自己解決させていたのだという。

まだ空の明るい時間であったため、肝試しはそれほど盛り上がることはなかった。

夜はバーベキューを楽しんだ。

終わってみんなで片づけをしていると、友達が急に「おぉまぁえぇ、おぉまぁえぇ」と、変な声をあげながら従姉に絡んできた。ゴミを片づけている従姉の服の裾を掴んで引っ張ってくる。

酒は入っていたが、缶チューハイ二本程度で泥酔する友達ではなく、これは酔っているフリの悪ふざけだなと適当にあしらっていた。

その後もこの友達は片づけも手伝わずに、しつこく従姉に「おぉまぁえぇ」と絡んできた。他の友達が「マジでそれ気持ち悪いからやめて」と本気のトーンで怒った。

すると、ぴたりと従姉に絡むのを止め、スチールベンチに横になったかと思うと、くーかーと鼾《いびき》をたてだした。

「ふて寝が本気寝になった」とみんなで笑い、風邪をひくからとベッドに連れて行こうと何度か起こそうとしたがまったく起きない。叩いてもくすぐっても起きる気配さえないので、四人がかりで引きずってベッドに連れていったという。

翌朝になって「よく寝たわぁ」と起きてきたその友達の顔を見るや、従姉たちは悲鳴をあげてその場から逃げ出した。

友達は首から上を青痣《あざ》に侵食され、顔色が斑《まだら》になっていたのである。

その顔はまるでゾンビだった。

そんな状態でもどこにも痛みはないらしく、ケロリとした様子で「わたし昨日なんかあった?」と訊いてきた。昨晩のことを話すと、彼女はバーベキューの途中からの記憶がまったくなかった——という話であった。

順番待ち

「他の人には害がないみたいなので書いても大丈夫」とのことなので場所を記す。

北千住駅構内の階段。

清美さんは通勤で東武線から千代田線への乗り換え時にそこを利用していたが、その階段から転落しかけたことがあった。後ろから押されたのだそうだ。

それも一度や二度ではなく、頻繁に。

毎日ではないが、押されない日のほうが少なかったという。

突き飛ばすような強い押し方ではなく、とん、と軽く押される程度だが、タイミングによってはバランスを崩して踏みはずしかねない。はじめは後ろの人が急《せ》いてぶつかってきたのかと思ったが、あまりに多いので故意にやっているのではと疑いだし、これが連日続くとその疑念は確信に変わった。

犯人を知ろうとしたが難しかった。とん、と押されてすぐに後ろを振り返っても、大勢の利用者が下りてくる中、立ち止まってじっくり確認することなどできない。一瞬見たくらいでは見当もつかなかった。

押されるのは下りの時のみで、位置は階段の真ん中よりやや下段と場所も決まっている。

ただ、時間は決まっていない。

この階段を下りるのはおもに仕事終わりの夜九時以降だが、ミーティングなどがあると十時に及ぶこともあればそれより遅い日もある。しかし、そのように時間帯が変わっても、押されるのである。ある時など午前中にやられたこともあったそうだ。

どの時間帯でも押されるとは、いったいどういうことなのか。

一日中、階段に張り付いてでもいなければできない芸当である。

もしそのような常習犯がいるならば、他に転落事故やトラブルが起きていていいものだが、そのようなニュースは耳に入ってこない。

被害に遭っている者が他にいないことを考えると、犯人は清美さんのみに狙いを絞り、待ち伏せて行為に及んでいるとしか考えられないのだ。

だがある時から、これは人の仕業ではないと察したそうだ。


通勤以外で駅を利用した日のことだった。

日中ということもあっていくぶん電車が空いており、降りる人も少なかった。

急ぎでもなかったので、あらかた人の流れがなくなってから件《くだん》の階段を下りていく。

手摺りを掴んで慎重に足を踏み下ろしながら、何度も振り返って後ろに人がいないのを確認する。今日は大丈夫だなと、いつもの箇所に差し掛かると、とん、と背中を押された。


すぐさま振り返ったが誰もいなかった。


こんなことは人のなせる業《わざ》ではない――。

それがわかりだした頃から、背中を押す手が存在感を強めてきた。

しっかりと両手で押している感触がわかるのである。

背中に加えられる圧からは、この女を落としてやろうという強い意思までをも感じるようになった。あるいは清美さんが意識の仕方を変えたことで、それらを感じとれるようになったのかもしれない。

その手の話に詳しい知人に相談すると「生霊かもね」といわれた。

清美さんの無自覚な行動が誰かの恨みを買っている可能性があるという。

人と接することの多い仕事なので、ないとはいえなかった。


ある日、階段を下りる直前で「あ、今日はくるな」という予感がした。

この頃はそう感じたらすぐには階段を使わず、人の数が減ってきたタイミングで下りるようにしていた。万が一、人を巻き込むことになってはたいへんだからだ。

この日は、乗り換えに急ぐ人々の流れの最後尾を見送ってから階段を下りだした。

するといつもの箇所に差し掛かる手前で、ふいに胸騒ぎを覚える。このような感覚は今まではなかったので不安になり、思わず立ち止まってふり返った。

清美さんのすぐ後ろに、人が一列に並んでいた。

その列は階段の上まで続いており、何度かまばたきをすると消えてしまった。

並んでいたのは、陰気臭く俯いているわけでもなく、スーツを着て、鞄を持ち、スマホを片手に握った、まわりにいる駅の利用客とまったく変わらない人たちであった。

その時は珍しいものを視たという感覚であったが、後になって、もしあれが自分の背中を押す順番待ちの行列であったらと考えたら、ぞっとしたという。

その後は職場が変わってその駅を利用することはなくなったそうだが、他の駅でも階段を利用する時は必ず、後ろから来る人たちを先に行かせ、下りる前に足を止めて一度、深呼吸をしてから、一段一段、しっかり踏みしめて下りるよう心掛けているという。

たのしいよぉ

先日、R氏から電話があり「柿森《かきもり》さんに奥さんがいたことは知ってる？」と訊かれた。

私には懐かしい名前である。とあるアパートに犬と暮らしていた男性だ。二十年、もしかしたらそれ以上会っていないかもしれない。

急に思い出したことがあるので、私に話しておこうと電話をくれたらしい。使えそうなら本に書いてもよいとのこと——つまり、怪談を提供してくれるというのだ。たいへんありがたい申し出である。

偶然だが、今夏に刊行した本で私はその柿森さんにまつわる話を書いている——まず彼が私にとってどういう人物なのかを説明しておこう。

かつて私は柿森さんの住んでいたアパートのオーナーの下で働いていた。オーナーとは今回連絡をくれたR氏である。

ある日、私は柿森さんに呼び止められ、片づけてほしいものがあると頼まれた。

だいたい察しがついていた。

猫の死体である。

柿森さんはよく猫の死骸を見つけてくる。そして、その処理をいつも私に頼んできた。

この時もやはりそうであった。

それはアパートの屋根の雨樋《あまどい》にすっぽりとおさまっていた。子猫の死骸である。

頭だけで身体はなく、しかも残っているのは上顎から上のみ。耳を下にしてひっくり返った器状のそれは、私にピンク色の口蓋を見せていた。

蠅《はえ》のさなぎだろう。口蓋の皮下に潜り込んでいるものが、もぞもぞと動いている。想定していた以上の惨状に私は吐き気をもよおした。

カラスに虐め殺された子猫の死骸をたびたび目にしていた私は、またヤツラの仕業かとうんざりし、それをいつも通りに処理した。

——この話を私はこれまで幾度か書誌に書いており、またイベントでも話している。

ちなみに私と柿森さんは親しい間柄というわけではない。このアパート周辺では猫が死んでいることが多く、彼に依頼されてその亡骸《なきがら》を片づける——それだけの関係である。柿森さんは早朝の犬の散歩中、住人の誰よりも先に死骸を見つけてしまい、放っておけず私に教えてくれるのである。だから彼にはなんの非もないどころか、むしろ猫好きな私からすれば感謝すべき人なのだろうが、私の中で柿森さんは忌まわしい用件を運んでくる人物という印象でしかなく、できれば顔を合わすのも避けたい人物だった。

——その柿森さんの妻がなんだというのか。

聞けば柿森さんの住んでいた部屋は元々その妻が借りていた部屋だそうで、彼はそこに転がり込んでそのまま夫婦になったのだという。だが妻には先立たれ、部屋には彼と犬が残された。

R氏は柿森さんから妻は病死だと聞いているそうだが、どうも不審な点があるらしい。妻は同じアパートに住む別の女性が経営するスナックで働いているホステスであった。ある日、スナックのママがR氏に、このような愚痴をこぼしたことがあった。

「あの子、お店に来なくなっちゃってね」

柿森さんの妻が、急に何の連絡もなく店に来なくなったらしい。

同じアパートなのだから呼びに行けばいいのではというと、すでに何度も行っているが、気味の悪いことをいわれて追い返されるのだという。

「幽霊がいるから嫌だって——実はね、二年前に店で働いていた子が自殺してるの。カッターで首を掻っ切って。それも彼氏の目の前でね。その子がね、いるっていうのよ。うちの店のトイレに。ね、気味が悪いでしょう?」

その自殺した元ホステスは、店でよく着ていた紫色のドレスを着て、「こっちはたのしいよ。おいでよ。おいでよ」——そういって手招きをするらしい。だから店にはしばらく行けないといっているというのだ。

それを聞いたR氏は、そんなものはサボる口実だ、亡くなった人を怠業のいいわけに使うなんて人として許しがたいと憤慨したそうだ。

その数日後である。

スナックのママから、柿森さんの妻が亡くなったことを聞かされたのは。

きっと連れていかれたのよ——そういってママは青い顔をしていたという。

これが、R氏が私にしておきたかったという話である。

「そういえば、その後くらいからなんだよね。柿森さんがあちこちから、猫の死骸を見つけてくるようになったのは――」

R氏は含みのあるいい方をし、この話を終えた。

事故物件ではないかもだけれど

帆南《ほなみ》さんは都内に妹と二人で暮らしていたが、ある年の八月に話し合い、翌年二月から互いに一人で暮らすことになった。

まだ先の話だが理想の部屋探しでもしておこうと不動産サイトを毎日のように見ていたら、ぜひ住みたいと思える素晴らしい部屋を見つけた。

駅から徒歩五分、四階建ての一階、築年数は五十年だがきれいにリノベーションされている。家賃、その他の条件も申し分ない。まさに理想の物件であった。

だが見つけたのは八月の半ば、こんなに良い物件が来年二月まで残っているわけがない。

それでも毎日、あの部屋はまだあるかなとサイトを確認していた。

八月末日、その物件に借り手がついた。

わかってはいたことだが口惜しくてたまらず、理想の部屋探しはしばらく止めた。

それから二週間ぶりに同サイトを見にいってみると、以前見つけた物件と同じマンションの部屋情報が出されていた。

四階建ての一階。間取りや家賃、その他の条件も以前に見た時と変わらない。

どういうことだろう。

借り手がついてから二週間で空き室になるなんてことはあるのだろうか。

サイトには部屋番号の記載がないので、同じ部屋ではないのかもしれない。同時期に同階の入居者の契約が切れて空きになったか。あるいは、なにかケチがついて契約が取り消しになったか。

もしやと「大島てる」で調べてみたが、事故物件のマークはついていない。

こうなると今度は別の意味で、この部屋のことが気になってしまった。

——と、そんな話をバイト先の先輩のフミさんにすると、なんとそこから数件隣のマンションに住んでいたことがあるといいだした。

「あそこはやめたほうがいいよ」

そう忠告すると次のような話をしてくれた。

ある晩、一緒に飲んだ友達を家に泊めることになって自宅マンションへ連れていった。だが玄関ドアの鍵が開かず、「あれぇ、おっかしいなぁ」と鍵を抜き差ししていると、それを横で見ていた友達が「部屋を間違ってるんじゃない」と笑った。

いくら酔っていても一階の部屋を間違えようがない。

それよりも侵入者に鍵を壊されたのではないかという心配がでてきた。数日前、近所に空き巣が入ったので戸締りを厳重にせよという注意勧告のチラシがポストに入っていたのである。

スマホを出して二十四時間受付の鍵屋と警察、どちらにかけるべきかと悩んでいると、隣の部屋のドアが開いて男性が顔を覗かせた。

夜間に騒がしかったかと謝罪をすると、そんな彼女たちの様子を見てなにかを察したのか、「部屋、まちがってません？」と尋ねられた。

いえ、ここで間違いありませんと返すと、

「ああ、じゃあご家族の方？」

「え？　いや、えーと、家族とは？」

「やっぱり違いますよね？　そこ、〇〇さんのお宅ですよ」

知らない名前をいわれた。男性によると、その人は昨晩、救急車で運ばれたから今はいないはずだという。

まさかと思ってマンションを飛びだしたフミさんは「あっ」と声をあげた。

そこは自分の住んでいるマンションではなかった。エントランスのつくりが似ていたため、自分のマンションだと勘違いしてしまったのだ。

「しまったなぁ」と入口に設置された防犯カメラを見あげる。自分が人の家の鍵をいじっている様子がマンション内のカメラに映っているだろう。そこだけを見られたら完全に住居侵入未遂である。

先ほどの男性に事情を説明しておこうと友達と戻ると、その男性が廊下に出ており、フミさんが間違えた部屋の扉の前で顎に手を当てている。

声をかけて先ほどの事情を説明すると、「そんな感じだとは思った」と男性は笑った。そしてすぐ腑《ふ》に落ちないという顔をする。

「いや、さっきから隣さ、いる感じなんだよね。音とか話し声がしてさ」

「退院されたんじゃないですか。あっ、ガチャガチャやって怖がらせたかな」

「いや、それはないな」

きっぱりと男性は否定した。

昨晩、搬送時に見ていたそうなのだが、隣の住人はどう見ても絶望的な状態だったという。

よほどひどい光景を見たのか男性は深い皺《しわ》を眉間《みけん》に刻み、もう隣の住人は戻ってこられないはずだと断言した。

「まあでも、家族が着替えでも取りに来たのかもしれないよな」

無理やり自分を納得させるようにいうと、男性は自分の部屋に戻っていった。

そのマンションを離れる時、

「ねえ、あそこなんかいない？」

友達が一階のベランダ側の窓を見ながら腕を絡めてきた。

そこは間違えて入りかけた部屋で窓は暗く、中に人がいるようには見えない。

その窓の上の角のあたりに、ラグビーボールを横向きにしたような形の青く光るものがある。

「ね？　いるよね？　あれって顔だよね？」

なにかに見えなくはないが、顔に見えるかというと微妙だった。

あんなふうに、横に細長い顔はない。

さっきの男性の話で友達はすっかり怖いモードに入っているのだなと思った。

「外の明かりが反射してるんでしょ。なんでも顔に見える、なんだっけあれ、なんとか現象って――」

あっ、シミュラクラだ。

フミさんがいった、その途端。

青い光がフミさんたちのほうを「向いた」。

叫び声をあげた二人はその場から逃げ出し、近くのファミレスに駆け込んだ。

フミさんが見たものは、横向きに九十度回転させた、面長な男の顔だった。

――そこが帆南さんの見つけた部屋のあるマンションなのだという。

「その部屋の人が死んじゃったのかどうかは知らないけど、調べたら事故物件じゃゃなかったんでしょ？　なら死んでないかもだけど、でもなにかはいるんだと思うよ。わたしが住んでた頃、救急車の音がするときまってそのマンションの前に止まってたんだよね。なんか厭な感じがするんだよなぁ、あそこ。土地が悪いのかもね」

この話を聞いた後に帆南さんはサイトで例の部屋を確認したが、もう借り手がついていたという。それからはもう調べていないそうだ。

夜の開花を縫うさけび

ある年の夏の夜、自宅のバルコニーに小さなテーブルと折りたたみチェアを出し、勇士さんは缶ビール片手に花火を堪能していた。

次々に夜空に咲きひろがる大輪の牡丹《ぼたん》や菊を眺めていると、轟《とどろ》く音のあいだを縫うように、「キャア」と黄色い声がまじる。隣近所からあがる浮かれはしゃぐ声である。

この一帯の住宅地は高台にあり、繁華街の派手なネオンを眼下の森が隠してくれるので、花火を鑑賞するにはうってつけである。だから毎年この時期になると、どの家も友人、知人、恋人を呼んで、屋上やバルコニーで花火を見物しながら小宴に興じている。

向かいの家のベランダには睦まじく身を寄せ合うカップルが見えた。

羨ましいねぇ、こちとら寂しい独り身の一人飲みだよ――。

その時、ひと際長い「キャア」が聞こえてきた。

他の家から聞こえてくるような、はしゃぐ声ではない。

よくない出来事に見舞われた時に発せられるような――絶叫だった。

しかもそれは、だれもいるはずのない勇士さんの自宅の中から聞こえた。

ゾッとする――いや、だがそんなわけがない。

きっと悪ノリしている若者たちの声だろうと花火に視線を戻す。

――また聞こえた。

今度は気のせいというレベルの聞こえ方ではなかった。

間違いなく声は勇士さんの家の中から発されていた。

バルコニーの窓は閉めている。分厚いガラスに遮られているにもかかわらず、外まで聞こえてくるほどの声量で、誰かが叫んでいるのだ。

こわい。だが今、正体を知っておかねば、花火が終わって静かになってから確かめにいくことになる。それはとても厭だった。

また、聞こえた。

蒸し暑い夏の夜に鳥肌を腕にたてながら、思い切って窓を開ける。

けたたましい音が家の中で鳴り響いている。

自宅の電話機だった。


母親からであった。

先週の検査の結果で癌が見つかってしまい、明日から入院をすることになったという報告だった。

勇士さんに伝えておかねばと、ずっと鳴らし続けていたらしい。


その七ヶ月後、勇士さんの母親は此の世を去った。

あの声は母親の慟哭《さけび》だったのだと勇士さんはいう。

忘れがたき唄

駅前の広場で民芸フェスが催されていた。

手作り民芸品の売店や郷土料理をワンコインでふるまう屋台が出され、揃いの衣装を着た小学生から中学生の子供たちがラジカセから流れる民謡をバックに演舞を披露していた。

英夫さんは妻の恵海《えみ》さんと二人でぶらりと立ち寄ってみたのだが、これがなにを食べてもうまく、見ていて飽きず、気づくと一時間ほど楽しんでいた。

何曲目かの民謡がかかると恵海さんが「わたしこれ歌えるよ」と、流れている歌声に合わせて口を動かしだす。何箇所か歌詞と違うところもあったが、間などは完璧に合っていた。

流れていたのは恵海さんの出身県とはまったく正反対の地域に伝わる民謡だが、全国的に知られている民謡なんていくらでもあるし、このような各地をまわってのＰＲイベントも増えている。彼女が知っていても不思議はない。

演舞が終わると主催者が出て退屈な話をしだしたので、二人はその場を後にした。

「さっきの民謡に、ちょっと嫌な思い出があるんだよね」

帰る道すがら、恵海さんは急に子供の頃の話をしだした。


恵海さんの実家にはよく、祖母と同じ年頃の女性が訪ねてきた。

日によって訪ねてくる女性は違い、どの人も婦人雑誌のモデルみたいにオシャレな装いで、祖母のように「おばあちゃん」とは呼びづらく「おばさん」と呼んでいた。

学校から帰るといたり、朝からいたりと一日のどこかではその姿を見る。みな、祖母に会いに来た人たちで、手土産に高そうな洋菓子を買ってきてくれるので恵海さんは大歓迎だった。おそらく、恵海さんが高校生になる頃くらいまで、六、七人が毎日入れ替わりで来ていたのではないかという。

その人たちが来ると、普段は寡黙な祖母がいい笑顔で話しているので嬉しかった。

祖母とどういう繋がりのある人たちなのかはわからない。その頃、祖母はよく家で「ゴンギョウ」という言葉を使っており、家に来る女性たちにもその言葉をよく使っていた。おそらく「勤行」のことで、恵海さんが生まれる前から家にあった「誰のことも祀っていない小さな仏壇」に手を合わせることも祖母はそう呼んでいたので、今思えばあの女性たちはみんな祖母と宗教的な繋がりを持つ人なのだろうという。

そんな客の一人に恵海さんは、とてもかわいがってもらったのを覚えているそうだ。家に来る人はみんな「おばさん」と呼んでいたので名前は知らない。とても体を気遣ってくれる、優しい人だった。

この頃の恵海さんは病弱で学校も休みがちであり、一時期は学校の友達といるよりも、家を訪ねてくる女性たちと過ごす時間のほうが長かった。中でも濃密な時間を過ごしたのが、この人だったのだそうだ。

例の民謡を歌って聞かせてくれたのは、その女性であるという。

「さっきみたいに音楽とか流すわけじゃなくて、シンプルに歌と手拍子でね。好きだったんだ、あの歌。でも他ではぜんぜん聞いたことがなくって、その人の声でしか聞いたことがなかったの。だからちゃんとしたものを聞いたのはさっきが初めて。でも違和感ぜんぜんなかったし、うわっ、懐かしいって感じもなくて、つい最近にも聞いてたみたいにすぐ思いだせた。これって、ちゃんとした音楽として記憶されてたってことだよね」ここまで鮮明に歌詞や曲調を覚えているのは、その人にせがんで何度も歌ってもらったからだそうだ。

だが、その歌の思い出のすべてを否定するような出来事があったのだという。

その日、自分の部屋で少女漫画雑誌を読んでいた恵海さんは、急な眠気に襲われた。ベッドにうつ伏せになって読んでいたので、うつらうつらとするたびに額が開いたページにつく。次第に身体が重く感じてきたので起き上がろうとしたが、背中になにかがのしかかっているように重たくて体を起こせない。そこではじめて「これは変だ」と気づいた。身体が重く感じることはあっても、本当に重みを感じることは今までなかったからだ。

後ろに誰かがいる気がするが、母親や姉ではない。隣の部屋から夕食の準備をする二人の声が聞こえてくるからだ。それに後ろは壁でベッドとの隙間はほぼなく、そこに人が立っていることはおかしい。どんどん重たくなっていくので、自分が潰れないように肘で身体を支えるのに必死で、ふり返って確認する余裕などなかった。

すると、聞こえてきたのだという。
あの民謡が。
よかった、あの人が来ているんだ。
それだけで救われた気がした。
でも今日の歌声はちょっと変だなぁと思っていると――。
「ただいま」
割れんばかりの大声に心臓が跳ね上がるほど驚いた。
そこでスッと重みがなくなった。
顔をあげると、ベッドの横で祖母が恵海さんを不思議そうに見おろしている。
部屋には祖母しかいなかった。

それから民謡を歌ってくれた女性は家に来なくなった。
どうして来ないのかと祖母に訊いた。名前を知らないので「歌のひと」としか説明できず、それだけでは祖母はピンとこないという顔をする。他の特徴を伝えようにも、優しいとかきれいとか、訪問客たちの誰にでもいえるような特徴しか出てこない。

ならばと、いつも聞かせてもらっていた歌をうたってみせた。

だが祖母は、初めて聞く歌だと首を傾げる。

そんなはずはない。祖母もあの歌を一緒に聞いていたのである。

この時、恵海さんはあの女性が亡くなったのではないかと察した。

格好は若くとも祖母と同じくらいの年齢なのだから、そういうこともあるだろう。

祖母はきっと、よくなついていた自分にショックを与えぬよう、初めからその人がいなかったかのように素知らぬふうを装っているのだ。でも、自分もそこまで子供じゃない。そんな下手な誤魔化し方をしなくても、亡くなったといわれたら、その現実はちゃんと受け止められる。

するとそこに母親が来て二人の話に入ってきた。

「いま歌ってたの、恵海？　なになに、なんの歌？　――歌のひと？　誰なのそれ。うちに？　いつも？　そうなの、へぇー。ううん、お母さんは知らないよ」

信じられなかった。

母親は祖母の客に茶や菓子を出し、時には横で話を聞いていることもあった。だが、「歌のひと」のことだけは知らなかったのである。

体調を崩して学校を休んでいた時、恵海さんの身体を気遣い、民謡を聞かせてくれた女性。そんな人物は元からいなかった——ということになった。

「じゃあ、空《そら》で歌えるくらいまで覚えているこの歌は、どこから来たのって話よね。どこかで聞いているから私は歌えるわけだし。若い女の子が自発的に興味を持って覚えるような歌でもないでしょ？　だから絶対その人から聞いているはずなのに——ね、なんかちょっと嫌な話でしょ？」

そんな話を聞かされたからだろう。今でも英夫さんはたまに、恵海さんがその民謡を鼻歌でうたっているのを家で聞くことがあるそうだが、あまりいい気持ちはしないものだという。

鬼篤

その日、建志《たけし》さんは引っ越しや諸々の手続きのために妻と二人で区役所にいた。

妻のお腹には四ヶ月の子がいたので手続き全般は建志さんがやり、妻にはベンチに座ってもらっていた。

呼び出しを待つためベンチに戻ると、妻が誰かと電話をしている最中だった。

通話を切った奥さんはこわばった顔を建志さんに向け「お父さんが危ないかも」と声を震わせた。その様子から危篤――しかもかなり差し迫った状態であることがわかった。

役所の人に事情を説明し、同じ市内に住む妻の実家へタクシーで向かった。

車内で妻に訊いた。

「向かうのは家でいいのか？　今みんな病院だろ？」

「え？　でも電話がかかってきたのは家からだったし――でも、そうだよね。あれ、お母さん今どこかな、家にかけてみる」

そういって妻は携帯電話を開くと、なぜかかけずに画面をじっと見ている。

大丈夫かと訊くと妻は首を傾げながら、ようやく実家にかけた。

隣で聞いていると、先ほど妻から聞いていた話とだいぶ状況が違うことがわかった。

――というのも、妻は電話でまず家にいた母親と話し、そして次に替わってもらった父親と話していたのである。

どういうことだろうか。父親は危険な状況を脱したのか。

早く妻に訊きたいが、父親との会話が盛り上がっており、笑い話までしている。

五分ほど話していたか、ようやく通話を切った妻は「わたしの勘違いだったみたい、ごめん」と建志さんに手を合わせて謝った。

なにをどんなふうに勘違いすれば親が危篤だといってパニックになるのかと訊くと、電話で親にそういわれたように聞こえたのだと、あっけらかんと答える。

実際はなんの用件だったのかと質問を重ねると、妻は笑って「くだもの」といった。

親戚から送られてきた果物があるから、近いうちに取りにきなさいといわれたらしい。

「なんだよそれ。とりあえず、このまま実家に向かうでいいのか？」

妻は頷いて、せっかくだから果物をもらいにいこうという。

妻の実家に着くと元気な笑顔の父親に迎えられた。

妻の人騒がせな勘違いの話題になり、そこでも両親から、なにをどう聞き間違えたら危篤の報せになるんだという質問がぶつけられた。

それに対し妻はこう答えた。

「電話口でお母さんがね、『お父さんがしんじゃうよ、お父さんがしんじゃうよ』って、叫んでいるように聞こえたの」

音が割れんばかりの大声であったという。

母親は「なんだか気味の悪い話ねぇ」と不安な顔を見せていた。


夕食をごちそうになって、八時ごろに妻の実家を出た。

もらった果物の入った紙袋を抱えてタクシーで帰っていると、妻の携帯電話に彼女の実家から父親が倒れたと連絡があった。

今度は妻の勘違いではなかった。建志さんは妻の携帯電話から「お父さんがしんじゃうよ、しんじゃうよ」と義母の声が聞こえてくるのを確かに耳にしていたのだ。

地下アイドルの災難

涼音《すずね》さんは以前、メンズ地下アイドルグループにダンスを教えていたことがある。掛け持ちで同じ事務所の二つのグループを教えていたのだが、現在はどちらもすでに解散している。

解散理由は不祥事、規則違反、人間関係、事務所とのトラブルといった「普通」の理由ではない。とくに「ニーズ」というグループに関しては不運であったとしかいえない。

解散の原因は、ある事件。その現場となった都内にあるクラブの画像を見せていただいた私は、おもわず一瞬、目をそむけた。

点々と床に飛び散り、靴跡の形に踏まれて引き伸ばされたそれは、まぎれもなく血だった。

地下アイドルの稼ぎはライブチケットが何枚売れるかだけではなく、物販の売り上げがかなり大きい。最近ではとくに売り上げに貢献しているのが『チェキ』であるという。

これはインスタントカメラの商品名がもとになっている有料ファンサービスで、アイドルと一緒に写真を撮れるというだけでなく、過度でない程度のボディタッチをファンは要求することができる。一回の時間が決められており、たくさん買えばそれだけ〈推し〉を独占できるというわけである。

ニーズはとくに過激なファンが多いことで知られており、このチェキを巡ってファン同士でたびたびトラブルが起きていた。

とくに多いのは、「自分がいちばんアピール」による諍《いさか》いだった。〈推し〉のチェキを他のファンが自分より多く買うと、「そっちが十枚ならこっちは十五枚」と張り合うのである。ここでライバルを蹴散らせば、〈推し〉に自分が一番のファンであることをアピールできる。よって、本気のぶつかり合いとなり、激しい言い争い、時には殴りあいにまで発展することもあった。

それでも事務所からすれば、これはトラブルでもなんでもなく景気の良いお祭りみたいなもので、加熱すればするほど売り上げが伸びるのでむしろ大歓迎であった。

だからあえてファン同士が火花を散らすように煽《あお》ることもあるのだが、時には火花程度では済まない事態になることもある。

涼音さんはたまに教え子たちのライブを抜き打ちで見にいく。

その日は都内のクラブで、ニーズと同じ事務所の他のグループとの合同ライブイベントがあった。

店に着くと、ライブ開始三十分前だが店内はファンで溢れかえっていた。

そこには当然のように、カスミの顔があった。

この界隈で知らない者はいないトラブルメーカー。

自分と〈推し〉以外はすべて敵だと考えている一匹狼である。

一部の熱狂的ファンには、〈推し〉の応援資金を得るために実入りが良い夜の仕事に就く者もいるが、彼女もその一人であった。毎晩ライブに顔を出せるように一般企業の事務を辞め、賃金もよく、時間に融通の利く仕事をと選んだのが風俗店であった。

〈推し〉に向けたその熱意と執心は剥き出しの独占欲を育て、彼女を孤立させていた。

この夜もカスミは一人で荒れていたという。

「ほんと、ころしたいんだけど、あの女。タククんがさ、この前のライブの時、いつもはわたしにしか見せなかったあの笑顔を、よりにもよってあのクソ女に見せてたんだけど、あれなに？　つーか、あの女マジでころそうかな」

バーカウンターに座る彼女は大声で物騒なことをいいながら、一人でシャンパンを一本空けてべろべろになって店員に絡んでいた。

カスミに顔を知られている涼音さんは、慌ててかぶっている帽子のつばを下げた。ニーズのダンスの先生だとバレており、タクヤという〈推し〉の子をセンターに立たせてほしいとしつこく何度も頼んでくるのだ。

顔を合わせたくないので気配を消し、端のテーブルでライブが始まるのを待っていた。すると同じテーブルに偶々《たまたま》知人がいて、積もる話もあったので店を出て近くのバーで飲むことにした。

結局その日は、ニーズのライブを見ることなく帰ったという。

だから涼音さんは、この後に起きた事件を見ていなかった。

すべてのグループの曲が終わり、チェキの販売がはじまった、その時であった。

突然、カスミが自身の身体をナイフで刺しだした。

「Yeah！ Yeah！ Yeah！ Yeah！ Hi！ Hi！ Hi Hi Hi！ わったしは～こんなにこんなにこんなにこんなにぃ～すぅきなのにぃ～♪」

ニーズの曲のリズムで自身の言葉《おもい》を叫びながら、みんなの見ている前で何度も何度もナイフを振り下ろす。白いブラウスがあっというまに赤く染まり、見る見る顔面蒼白になっていくカスミは、自分を刺しながら〈推し〉のタクヤのことを充血した目でずっと見つめていた。

それからは警察や救急車が来てチェキどころではなかった。

カスミは担架で店から運び出されるぎりぎりまで、「タクく～ん、タクく～ん」と呼び続けながら血まみれの手を彼に伸ばしていたという。

そんな光景を目の当たりにしてしまったタクヤの心中は察するに余りある。

だが、彼の災難はここからが本番であった。

無邪気な笑顔が売りのタクヤから、笑顔が消えた。

無理もなかった。だがこのままではニーズ全体に影響しかねない。

ある日、涼音さんはタクヤを喫茶店に呼び出した。

「事件がショックだったのはわかるよ。でもあんなことはもう起きないから、ファンのためにも早く立ち直ってよ」

無理です、とタクヤはいった。

どのイベントに行っても――いるのだという。

会場のファンたちの中から、カスミの顔を見つけてしまうのだそうだ。

チェキ会での一件で彼女は事務所からすべてのイベントの出入り禁止を通達されている。再び彼の前に現れることはないはずだった。

だが、タクヤはすっかり怯え切っていた。あの時、目の当たりにしてしまった光景に囚われ、毎日のようにカスミの幻覚に脅かされていた。当然、タクヤはそれを幻覚だと思ってはいない。

タクヤがいうには、カスミはあの日に披露したニーズの替え歌をうたいながら、彼の実家の中をうろうろと歩き回っているのだそうだ。血だらけの姿で。

その数日後、タクヤはある大きなイベントを無断欠場した。

当日、事務所を辞めたいとの申し出が彼の母親からあり、事務所はそれを受理した。

「カスミはな、あれは確信犯なんだよ」

涼音さんは業界の人から、このような話を聞いた。

カスミは過去に他の地下アイドルのイベントでも同様の自傷行為をし、出入り禁止を食らっていた。その時期に彼女は自身の異常行動の動機を周囲にこう話していたという。

あれは〈推し〉が自分のことを一生忘れないための「おまじない」なのだと——。

「トラウマを刻むとか、そんな生易《なまやさ》しい話じゃない。あの女はそうやって、好きになった男にテメェの生霊をはっつけてまわってるんだよ」

タクヤが見ているのは幻覚《まぼろし》などではなく、「本物」のカスミなんだとその人はいった。

ファンを巻き込んだショッキングな事件に主要メンバーの脱退と続いて、他のメンバーの士気にも影響が出た。グループ内の規律が乱れはじめ、女性問題が次々と発覚。

その噂はまたたくまに広がってファン離れが甚《はなは》だしくなり、やがてニーズは解散する運びとなった。

なぜ豚か

「身体の一部が欠損した人」を目撃する話は怪談ではそう珍しくはない。

首、腕、足がない――あるいは、それのみしか現れないという姿は見た目の不気味さだけでなく、その背後にある事故や事件、痛ましい死に様といったものを連想させる。

これが幼い子供などであると、そのような姿にならざるを得なかった不憫《ふびん》さに、居たたまれなくなるのは私だけではないはずだ。

これまで何十回と現地に赴いて取材している話の一つに「豚の子の幽霊」がある。イベントなどでは二、三度触れたことがあるが、慎重に扱うべき内容も含まれるので長らく書きあぐねていた題材であった。

そもそもは、南島には「豚の幽霊」が多いという話を調べていたことからだった。

沖縄と鹿児島には「尾のない豚」「耳のない豚」「目のない豚」「手足のない豚」「首の

ない豚」といった、体の一部を欠損した豚の幽霊の伝承がひじょうに多い。

これらはいずれも、人の股の下を潜《くぐ》ることで対象に害をなす、という奇妙な性質を備えている。また、豚の幽霊を見ると産後の肥立ちが悪くなって死ぬという話もある。

なぜ、それらの幽霊は「体の一部が欠損した豚」でなければならないのか――。

諸説あるのだが、私は現地を繰り返し取材する中で、鹿児島に住むKさんという高齢女性の昔語りを収録した、一九八九年に少部数で発行された文献の記事に辿り着く。そこに見られるKさんの語りは方言が強く、取材者も解読に苦戦をしていたが大意は理解できた。

それは《ユカシャメイッタ》というものの話であった。

「床下にいる豚の子の幽霊のようなもの」とされているが、詳細は不明。またそこで語られているのは幽霊譚ではない。かつて取材対象者の生地にあったという慣習にまつわる、生々しい追憶であった。

《生まれてすぐ死ぬ子は、まだ人ではないから床下に埋めた。近くに畑があれば、そこを深く掘って埋めた。》

Kさんの故郷にかぎらず、事故による被害者や死んだ嬰児《えいじ》の御霊《みたま》を通常の埋葬と違ったやり方で弔うという慣習は日本の各地にあった。だが、そのような埋葬をされた子供がなぜ、その地では「豚の子の幽霊」といわれていたのか。

南島各地に伝わる身体の一部がない豚の幽霊との関係はあるのか。股の下を潜り、出産後に障るのはなぜか。

なにかを失った豚たちは、本当に「豚」だったのか——。


次の話は、三十代男性が交際女性と旅行へ行った時にされたという体験である。

良治《よしはる》さんは奮発して県内でも指折りの高級ホテルの予約をとった。

ホテルマンに案内されてロビーに入っていくと、当時テレビで活躍していた女性タレントとすれ違った。

さすがにオーラがあるなと見ていると、その視線に気づいたのか、つかつかと急ぎ足で外に待たせてある高級車に乗り込んでいってしまった。プライベートかなと、恋人と話していたという。

初日の夜、疲れていたのか恋人は先に寝てしまい、眠れずに退屈していた良治さんは缶ビール片手に波の音でも愉《たの》しもうと、一人でホテルのそばにあるビーチへ行った。すでに先客が二人いた。

少し離れていたのでシルエットでしか見えないが、波打ち際のそばに向かい合って立って、なにやら話している。聞こえてくる声やその喋り方に特徴があり、一人は日中に見た女性タレントだとわかった。もう一人は体格から見て男性のようである。

女性タレントが一方的に話しており、その口調はとげとげしく深刻みを帯びていた。話している内容までは聞こえなかったが、雰囲気から察するに交際相手ともめているようであった。

のんびりくつろごうという気分に水をさされてしまったが、せっかく来たのだからと暗い砂浜に座って缶ビールをあける。

暗い海を眺めていると目が夜に慣れてきて、すぐそばに横長の影があることに気づく。ビーチベッドだった。日中に貸し出されているものが、回収されずに一つだけ残されているのである。

その上で、もぞもぞと動く影がある。大きさから猫だろうとおもった。

——夜はこんなところで寝ているのか、優雅なものだな。

どんな顔をしているのかと、そっと近寄ってみる。

——猫ではない？

ビーチベッドの上で、なんとも形容しがたいシルエットが動いている。

もう少し明かりが欲しいなと思いながら顔を近づけると、そこからひょこっと、なにかが出てきた。

小さい、人の手の形をした影だった。

この人形サイズの手が現れたことで、シルエットになっている他の部分も小さい手や足なのだと判る。

そこに赤ん坊がいるのである。

まさか女性タレントの隠し子か？　こんなところに置いて離れるなんて常識がないのかと、いろいろな意味で衝撃を受けていると、良治さんに気づいたのか赤ん坊の影が抱っこをせがむように両手を伸ばしてきた。

もう波の音を聞くどころではない。赤ん坊がビーチベッドから落ちないかが心配でそばで見ていると、急に違和感を覚える。

この赤ん坊、なにかが変だ。

なんだろうとじっと見ていると、わきわきと手足を動かしている赤ん坊のシルエットには、どう見ても首から上があるように見えない。

「え？　は？」

自分がなにを見ているのかがわからない。

視線を感じて顔を上げると、さっきまで向かい合って話していた二人が肩を並べて立っている。シルエットなのに良治さんのほうを向いているのがわかった。

ゾッとして、その場を急いで立ち去った。

だが、部屋に戻ってからどうしても気になり、恋人を起こして再びビーチへ行ってみたのだが、すでに二人の姿はなく、ビーチベッドにもなにもいなかった。

あの首のない赤ん坊は女性タレントと関係があるのかもしれないと、その後も気にかけていたのだそうだが、とくにゴシップなど聞かないまま、気づくとテレビで見なくなっていたという。

切り抜きの箱々

八十年代初頭のことだという。

小学生だった川藤《かわふじ》さんはよく近所の年下の子の家に遊びに行った。名前は憶えておらず、なんと呼んでいたのかも思い出せないそうだ。ここでは仮にUと呼ぶ。

どういう理由があったかは忘れたそうだが、Uは付録のついた子供向けテレビ雑誌を親に買ってもらうと、ろくに読まないうちにハサミで切り抜いていた。

背景ごと四角く切りとる時もあれば、がんばってキャラの形に切り抜くこともある。好きなキャラクターを選んでいるわけでもないようで、戦隊ものから少女アニメまで適当に選んで切り抜くと、それをスクラップブックに貼るでもなく、饅頭《まんじゅう》が入っているような紙箱に貯めこむ。そんな箱がUのベッドの下にはいくつも保管されていたという。

遊びに行くといつもその箱を開いて市場の売り物のように切り抜きを並べ、好きなのをあげるよという。別にそこまで欲しいものでもなかったが、箱からほじくり返して自分の好きなアニメキャラや戦隊ヒーローを探すのは存外楽しく、気がつくと帰る時間になっていたという。

ある日も箱から切り抜いた絵を選んでいたら、Uの母親が帰ってきた。

こんなに早く仕事から帰ってくるのは初めてだと友達は驚いて、玄関まで迎えに部屋を飛びだしていった。

川藤さんも挨拶くらいはしておかねばと後から向かうと、Uの母親は玄関に座り込んでぐったりしている。そんな母親をUは両手でゆさぶりながら「おかあさん、おかあさん」と今にも泣きそうな声で呼びかけていた。

我が子の呼びかけにも返事をせず、母親の瞼はかたく閉じたままで、口の端からは唾液の糸を垂らしている。顔色もよくなかった。

それからUが呼んだのか、彼が近所の大人に頼んだのかは覚えていないが、救急車が来て慌ただしくなり、そのあいだ川藤さんは呆然とUのそばに立っていた。

担架で運ばれる時、Uの母親には意識があって、彼に身振り手振りでなにかを伝えて

いた。担架と並走するUが「わかんないよ、わかんないよ」と頻りに首を横に振ってい
たのを記憶しているという。

Uの母親が亡くなったことは、他の友達から知らされた。
それからすぐ彼は引っ越すことが決まり、川藤さんは見送りにいった。
Uはアニメ雑誌の切り抜きの入った箱をすべて川藤さんに託すと去っていった。
かなりの量があり、数日かけてすべての箱の中身を見た。
紙質が硬いものが混じっており、それだけ他の切り抜きとなにか違う気がするので、
なんだろうと集めてパズルのように繋ぎ合わせてみた。
するとそれは一人の女性の写真であったという。
Uの母親でもないようなので「だれだと思う?」と母親に見せると、母親は無言でそ
れらを回収して棄ててしまった。
その時の、虫にでも触れるかのような母親の顔を、今でもはっきり覚えているという。
この取材の数日前、川藤さんは家族とこの話をしたのだそうだが、母親は当時のこと

をよく覚えており、「あれは《うしみつどきまいり》だよ」といっていたという。

おそらく《丑の刻参り》のことだろうが——ただの人物写真のどこを見てそう思ったのかと、川藤さんは母親に疑問をぶつけたのだという。

破られていたというだけで呪いの儀式に使用したといいたいのか。それとも、子供ではわからないような、なにかが写りこんでいたのか——そう食い下がる川藤さんに母親は露骨に嫌な顔をし、思い出したくないからと口を噤んでしまったそうだ。

「どう思います？　たとえ、あのバラバラの写真がなんであろうと、子供のものを勝手に捨てたわけですから、ちゃんと説明する義務があると僕は思うんですけどね」

川藤さんはそのように母親の対応への不満を口にしていた。

炭坑逃走

悠美《ゆみ》さんはよく親友と二人で無計画な旅に出る。目的も作らず、宿の予約はいれず、まさに行き当たりばったりの旅である。

四年前、一泊の予定で青森、秋田、岩手の三県を車でまわるという強行軍の旅をこの二人で成しとげていた。

「青森でねぶたを見て、二時間かけて秋田に移動して宿で一泊、翌日は秋田で夕方まで観光で、そのあと新潟で夕食を食べて東京に帰ってくるって流れでした」

その旅で秋田の鉱山を観光した時、次のような体験をされたという。

そこは炭坑跡地をテーマパーク化した、開山千数百年の歴史を伝える博物館であり、イニシャルでもわかるのでここでは伏せておく。

二人が訪れたのが平日だったためか館内は閑散としており、チケット売り場にも誰も立っていなかった。

呼び鈴を鳴らすと食事中だったのか、咀嚼《そしゃく》に頬を動かしながら奥から女性が出てきた。

「女の子二人でなんて珍しいよね。見学コースはこの二つから選んでね」

かつて実際に使われていたという炭坑のトンネル内を歩いて見学することができるという。全坑内をまわるコースと短い一・四キロのコースがあり、時間もかかるし見る景色もあまり変わらないだろうからと短いコースに決めた。

すると受付の女性も「絶対そのほうがいいよ」と笑顔でうなずいた。


炭坑内は息苦しさを感じるほど暗く、足元にあるオレンジ色の小さなライトが点々と奥へと導いている。

先になにがあるのかまったく見えず、なんの音もなく、空気が異様に冷たい。ふり返ると、入ってきた入り口の光が思っていたより遠く離れていた。

――あれ、ちょっとこわいかも。

想定していた以上の暗さと坑内の陰鬱な雰囲気に、悠美さんたちはすっかり気圧されていた。そんな時に横から急に人影が現れ、二人は悲鳴をあげる。人が来ると反応する仕組みなのか、バケツやつるはしを持った三体の人形が当時の仕事ぶりを再現しだした。

「やめてよもう、びっくりしたぁ」

ゆみ、ゆみ、と親友が袖を掴む。

「悠美、ごめん、あのね、走ってもいい？」

その声は震えていた。

どうしたの、そんなに怖かった、と訊くと、

「ん――んん、んんんん――んんんんんんんんんん」

親友の様子がおかしい。口をぎゅっと噤んで「んんんん」しか言わなくなったのである。

その目は悠美さんになにかを訴えようとしており、じわじわと潤《うる》んでいく。

ふざけてそんな真似をする友達ではない。だからこそ、ただ事ではないことが起きているのだと察した悠美さんは、親友の腕を掴むと前方に向かって走った。

オレンジ色の光が続くだけのなにもない暗い道をひた走る。景色が変わらないので、まったく進んでいないような錯覚を起こす。

途中でトンネルが分かれたが、どちらを選ぶか考えている余裕もなく勘任せで飛び込む。

そのあたりから悠美さんの中に「絶対にふりかえってはならない」という強い意識が生まれだした。

一方、親友のほうは幾度となく後ろを振り返り、そのたびに「んんんっ、んんんんっ」と激しく唸る。涙をぼろぼろこぼし、鼻孔《びこう》からは洟《はなじる》をぷらぷらと垂らしていた。

何分ほど走ったか、ようやくトンネルの出口の明かりが見えてきた。

「もう出られるよ」と顔を向けた悠美さんは「ひっ」と声をあげた。

親友は天井を見上げるように首をがっくりと後ろに曲げ、背中を弓なりに反らせていた。まるで後ろからなにかに髪を引っ張られているように見えたという。

悠美さんは親友の腕をしっかり掴みなおした。手を離したら彼女が連れていかれるような気がしたからである。

トンネルを飛びだすとエスカレーターがあり、駆け上がっていくと売店があった。

ここまで来ればもう大丈夫だと悠美さんは座り込む。その横で親友は涙と洟まみれの顔を上下に振って、乱れた呼吸を整えようとしていた。

　背中をさすってあげながら「なにがあったの」と訊くと、親友は顔を両手で覆って号泣した。

「ずっと後ろから手で口をふさがれていたっていうんです。鼻はふさがれていなかったから呼吸はできたけど、口を開いたらその瞬間に指をねじ込まれる気がして、こわくて開くことができなかったって」

　悠美さんは後に、その鉱山の歴史をネットで調べたという。するとすぐに貯水池のダム決壊で三百人以上の死者が出ているという記録が出てきたそうだ。

「鉱山で起きた事故って聞くと崩落とかガスのイメージしかなかったんで、えっ、溺れ死んじゃうこともあるんだって驚きました。あんな真っ暗な場所で急に水が押しよせてきたら、絶望的ですよね」

　親友の口を押さえていたのは、必死になにかにすがろうともがく、彼らの手だったのかもしれない。悠美さんはそう思ったそうだ。

濃いアッコさん

みゆきさんは視えてしまう人である。

死亡事故現場や心霊スポットへ積極的にいくようなことはないそうだが、通るだけで視てしまうため、そういう場所だったのだと知ることが多いそうだ。

これは大学に行っていた頃の話であるという。


大学の近くに大きな公園がある。丘続きの松林が広がっているだけで散歩するにも退屈な場所だが、最寄りの駅から大学までショートカットができるので駅を利用する学生はほとんどがこの公園を突っ切っていた。

その公園を通るときまって、アッコさんに追いかけられる。

公園を根城にしていたホームレスの女性で、歯がほとんどないので年齢は予測できないが五十はすぎていただろうという。追いかけるといっても歩いている横について話しかけてくるだけで危険はない。相手にしなければそのうち離れて元の場所に引き返し、また他の人を追って話しかける。これを一日中、繰り返している。

話しかける内容は支離滅裂。男性・女性の性器の呼称がよく入る。アッコさんという呼び名の由来は性器の俗称「アソコ」から来ていると知人から聞いたが、それが真実かは定かでないそうだ。


そんなアッコさんをある時期から見かけなくなった。

彼女に話しかけられるのが日課のようになっていたため、いないとそれはそれで不思議な感じがした。入ったことはないけどいつも見ていた店が急に閉店してしまった時のような、ぽっかり空白ができたような気持ちになり、公園の光景もどこかつまらない。

いつもは無視して通り過ぎるのに、病気になったのではないか、なにかトラブルにでも巻き込まれたのではないかと心配になった。

それからひと月ほど経ったある日、アッコさんがよく立っていた石垣の前に、きちんとした身なりの女性が鞄を両手で前に持って立っていた。

女性はみゆきさんと目が合うとすたすたと近づいてきて、

「いつもこの公園を通ってらっしゃる方ですか?」と声をかけてきた。

手首に何重にも数珠をつけていたので宗教の勧誘だろうと警戒しながら、「そうですけど」と答える。

女性はこの公園にいた、ある人物を探しているという。その人物の特徴を聞き終えるまでもなく、どう聞いてもアッコさんのことであった。

その女性は自分が生活困難な人を支援するNPO法人の者だと説明し、最近アッコさんになにか変わった様子はなかったかと訊ねられた。変わったもなにも、つねに変わっている人なので最近どうかと聞かれてもうまく答えられない。

それに、この人物の急《せ》くような話し方、笑顔、全身に纏う雰囲気が、どうも胡散臭く感じてしまう。手首の数珠がそういう印象を抱かせるのかもしれないが、それを差し引いても宗教絡みのにおいがしてならなかった。ホームレスなどを無理やり引き込んで信者を増やす手か。あるいは「囲い屋」のような生活保護費を搾取する詐欺目的の手合いかもしれない。少なくとも、アッコさんを救おうとしている人ではないなと思った。

「なんでもいいんです。気がついたことはありません?」

「ありません。もういっていいですか」

つっけんどんに返すと、向こうも「あ、そう」と態度を一変させ、みゆきさんから離れていった。

みゆきさんは怪しんで少し離れたところから見ていた。

女性は手首から数珠をはずしてそれを顔の前に掲げ、「いやいっ」と太い声を発するとジャッジャと激しく振って鳴らしだした。通り過ぎる学生たちにいぶかしむ目を向けられながらバッグから長い筆箱のような容器を取り出し、そこから線香を出す。するとそれを束で焚いて、手団扇《てうちわ》で煙をあたりに散らしだす。

お祓いでもしているように見える。

女性は屈みこむと、石垣の下になにかを振りまく動作をしている。みゆきさんはそこまで見たところで大学へ行った。帰りにそのあたりを見ると焼香に焚く抹香のようなものが散らばっていたので、気味が悪いなと足で散らしたという。

それから幾日かして、アッコさんは公園に戻ってきた。

無事であったことにほっとしたが、以前のアッコさんではなくなっていた。

もう人を追いかけて話しかけることはしなくなり、石垣の前におとなしく三角座りをして行き交う人たちを虚ろな目で見ていた。

なにかあったのだろうというのが、ありありと伝わってきたという。


ある日、同じ大学に通う先輩と久しぶりに会うことがあり、ある事実を聞かされた。

アッコさんが亡くなった——。

先輩の話によると、公園を通りかかった時に警察がいるのでなんだろうと見ると、アッコさんが石垣の前に横たわっており、ホームレス仲間なのか数名の男性が彼女のそばで手を合わせていたという。

「そうなんですか……今朝は元気だったのに」

いや。ここ数日、元気とはいえなかった。しばらく見なかったのも体調を崩していたからなのだろう。きっと自分の死期を悟って、あの場所に戻ってきたのだ。

先輩は怪訝な顔でみゆきさんを見ている。

「今朝って？　なんの話してるの？」

「え？　アッコさん……でしょ？」

先ほど公園で見たという話は、もうひと月以上前に見た光景だと先輩はいう。

「ええ？　いやいや、なら違います。ぜんぜん亡くなってませんよ、アッコさん。もう公園に戻ってきてますし」

今朝も見ましたよといっても先輩は納得していない様子なので、公園まで二人で確認に行った。


アッコさんはいた。

今朝、見た時と同じ姿勢で石垣の前に座り込んでいる。

ほら、いるでしょうという顔を向けると、先輩はアッコさんに向かっていく。

「ちょっと先輩、だめですって」

アッコさんは体調が優れないのだ。そんな時に興味本位で話しかけないほうがいい。

先輩はアッコさんの前で立ち止まると、

「もしかして、これのことといってる？」

キャリーカートを顎でしゃくる。

アッコさんの所持品である。コンビニ袋やビニール傘や衣料品が詰め込まれ、バッグの口からあふれ返っている。いつも彼女の傍らにある物だが、今はそのアッコさんがいなかった。

——いない？

アッコさんが、いない？

みゆきさんがアッコさんだと思っていたのは、彼女の荷物だったのである。

先輩には笑われてしまったが、けっして見間違いではなかった。近くで見ればキャリーカートなのだが、五メートルほど離れるとそれはアッコさんになる。

どういう現象かはわからないが、アッコさんとキャリーカートが重なっており、近いと彼女は薄くなって見えなくなり、離れると濃くなって見えるようになるのである。

そのキャリーカートも数日後に公園からなくなり、アッコさんも一緒に視えなくなってしまったという。

不要の報告

美容師をされている花楓《かえで》さんからお聞きした。

同じ時期に店に入った梨恵《りえ》さんという方から相談を受けた際、聞いた話だという。

三年前、店に篠原《しのはら》という新人が入った。中性的な顔立ちの男の子で、店長の知人の親戚だとのこと。

そそっかしい性格でよくミスをするのだが、それを補って余りある誠実さを持っていたので店の同僚や客からの印象は悪くなかった。

梨恵さんは世話焼きな性格なので自然と彼の教育係になっていた。まわりが甘やかすぶん、彼女は少々厳しめに扱っていたという。

そんな梨恵さんのことを彼はたいへん尊敬し、また慕っていた。彼女が教えている時はまっすぐなまなざしを向けてきて、頷きながら真剣に聞いていたという。

はじめて〝報告〟が届いたのは、篠原が店で働きだして三日目の夜だった。

『今日もたくさんのことを教えていただきありがとうございました。早く仕事にもなれたいんで、今から梨恵さんに教わったことをノートに書いて勉強します。それでは明日もよろしくお願いします。』

なんて律儀な子だろうと感動したという。


篠原はそれから毎日欠かさず、ＬＩＮＥで丁寧な感謝の言葉を伝えてきた。

その言葉とともに彼はなんらかの報告も添えてくる。それはどうということもない、ありふれた日常の報告なのだが、それが逆に新鮮だった。梨恵さんのほうも、見たいテレビを録画し忘れたことや、飼っている猫がお気に入りのカーペットに粗相してしまったことなど、日常茶飯の報告を彼に送った。それがまるで弟とやりとりをしているみたいで、だんだんと感謝の言葉よりも彼の報告のほうが嬉しくなっていった。

しばらくそんなやりとりを続けていたら、ある時、感謝の言葉と報告のセットではなく、報告のみが送られてきた。

そして、それからはずっと彼の日常の報告のみが送られるようになる。

「帰る途中の道でこんなものが落ちてました」

「コンビニで新しいスイーツ出てましたよ」

「見てください。今夜の僕のまかないです」

彼の日常が短いテキストで画像とともに送られてくる。

はじめは異性として好意を持たれているのかとも考えたが、どうもそうではなく、ナチュラルに彼は自分のことを誰かに伝えたい人のようだった。

さすがに毎日はきついなと思ったので、「毎日は送らないでも大丈夫だよ」と柔らかく篠原に伝えた。

だが、その日の夜にまた彼は何事もなかったかのように「今夜の月がきれいです」と報告を送ってきた。

うまく伝わらなかったのか。それとも伝わらない子なのか。

なんとなくストーカー的なにおいを感じ、しばらく様子を見ることにした。

決定的におかしくなりだしたのは、篠原が店に来て二ヶ月ほど経った頃だった。

送られてくる報告から敬語が消え、友人に送るような言葉遣いになった。店では変わらず慇懃《いんぎん》な物腰なので、この変化の意味を梨恵さんは測りかねた。

やがて、送られてくるものが地名や日付といった、報告ですらもなくなってきた。「わたしってメモ代わり？」と何度送ろうと思ったかわからない。

添付される画像も、以前は報告内容にちなんだものだったが、錆《さ》びた色の廃墟、どこかの森の中、神社に続く苔むした階段など、メッセージとはなんら関係がないだけでなく、どことなく気味の悪いものばかりになっていった。

ここまでくると店でのうやうやしい態度も本当かと疑いたくなるが、ＬＩＮＥの中以外の彼はちょっとドジな、でもとても真面目な好青年——そんな彼のことを信じたい。

（ほんとうに、わたし宛てなのかな？）

毎日届く〝不要の報告〟は、本当に自分に向けて送られたものなのか。

誰か別の人に送っているつもりのものが、間違えて自分に届いているだけではないのか。だから、見ても意味がわからないのでは——。

そんな些細な希望にかけ、本人にＬＩＮＥのチャット画面を見せながら訊ねた。

——これはどういう意味なのか、これは本当に自分に向けたメッセージなのか、と。

篠原は驚くような表情を一瞬だけ見せ、それから深々と頭を下げた。

「ごめんなさい。寝ぼけていました。次から気をつけます」

そんなわけはないだろうと思ったが、次から気をつけるという彼の言葉を信じることにした。

だがその日の夜中にも彼は、「三枚」というメッセージと手の平の画像を送ってきた。いよいよ怖くなって、梨恵さんはそこではじめて花楓さんに相談をしたのだという。


新人の男の子と毎日LINEでやり取りをしていると聞いていたので、てっきりこのまま恋愛関係にでも発展するのかと思っていたのだが、まさかそんなことになっているとは知らず、花楓さんは驚いたという。

無視やLINEの削除は恨みを買いそうなので怖くてできないというので、それなら本人に直接、面と向かって迷惑だと伝えるしかないよと花楓さんは伝えた。

「でも二人きりはだめだよ。わたしがついていてもいいけど、いちばんベストなのは店長に立ち会ってもらって、できればお店を辞めてもらう方向で話を進めてもらうことだね」

やってみる、と梨恵さんはさっそく花楓さんの前で店長に電話をかけた。

翌日、梨恵さん、篠原、店長の三者による話し合いが行われた。

そこで篠原の語った言い分が驚くべきものだった。

「本当のことを言いますと、僕もなんで梨恵さんに届いているのかがわからないんです。僕は姉に送っているつもりなんで——」

これには梨恵さんも呆れ果ててしまった。

どうして今さら、言いわけにもならないような嘘をつくのだろう。

梨恵さんの中で、ドジっ子好青年の篠原は完全消滅した。

それから、とくにもめるようなこともなく、篠原が辞める方向で円満に話がついた。

しかし、後日に店長から聞いた言葉で梨恵さんは凍りついた。

「篠原君のこと、あんまり悪く思わないでよね。実は言わなかったけど、彼のお姉さんね、もうとっくに亡くなっているんだよ」

自殺だという。

しかも、第一発見者は彼なのだそうだ。

「まあ、あんな感じにまっすぐな性格の子だからさ、優しくしてくれる梨恵ちゃんと亡くなったお姉さんを重ねているうちに混同してしまったのかもしれないよね。それとも意外と、本当に彼はお姉さんとやりとりをしていたのかもしれないよ。そこに梨恵ちゃんのほうが迷い込んでいたとかね」

そういう不思議なことも世の中にはあるからねと、店長は悟ったようなことを言った。

——だとしてもだ。

亡くなった姉とのやり取りで、廃墟のような建物や古びた神社の画像を送るのは不気味な関係過ぎやしないだろうか。

と、これは花楓さんの所感である。

これ以上この件に踏み込むつもりはないそうだ。

あとがき

この本を出せるのかと正直不安でした。

夏に出した本の時点で年内に予定していた取材はすべて立ち消えておりましたもので。

パソコンのフォルダ内にストックがまったくなかったわけではありませんが、諸々の事情でこれまで書かなかった（書けなかった）話も多く、苦しいからとここで封を切るのも躊躇われました。

それに、たとえそれらの話を蔵出ししたとしても必要頁数には到りません。

こうなれば、なりふり構ってなどいられないと、同じマンションの住人や自宅付近でよくお見掛けするホームレスの方にも声をかけ、お話をうかがいました。

なにぶんこのような時世でありますから、マスク着用でのお声がけとなります。顔が半分も隠れているうえに、私はたいへんな猫背なので、その風貌だけでもひじょうに怪しかったと思うのです。そんな男が怖い話を頂けませんかと希《こいねが》うのですから……。

それでも快く応じてくださいましたこと、この場を借りて感謝を捧げます。

また私は幸せなことに、少々変わった職種に就いている親戚、友人がおります。今回はいつも以上に厳しい状況にあることを伝えたところ、皆がそれぞれの人脈から貴重な話を発掘し、「さあ、磨くはそちらの仕事だよ」と私に預けてくれました。

その結果、いつもの一・五倍の話数が集まり、こうして無事に一冊の本を世に送り出すことができるのです。

ありがとう。ほんとうに。


この本が刊行されるころ、私は四十六になります。

バースデープレゼントなんていただけません。

ここを読んでくださっていることが、私にとってのなによりのプレゼントなのですから。

二〇二〇年十二月　黒　史郎

異界怪談 生闇

2021年1月4日　初版第1刷発行

著者　黒 史郎
企画・編集　中西如（Studio DARA）
発行人　後藤明信
発行所　株式会社 竹書房
〒102-0072 東京都千代田区飯田橋2-7-3
電話03（3264）1576（代表）
電話03（3234）6208（編集）
http://www.takeshobo.co.jp
印刷所　中央精版印刷株式会社

定価はカバーに表示しています。
落丁・乱丁本の場合は竹書房までお問い合わせください。

ISBN978-4-8019-2512-0　C0193